智库 中社 国家智库报告 2017（16）
National Think Tank
"一带一路"

# "21世纪海上丝绸之路"
# 与"全球海洋支点"对接研究

## ——中国福建省、印度尼西亚调研报告

许利平　等著

STUDY ON "21ST CENTURY MARITIME SILK ROAD" DOCKING
WITH "GLOBAL MARITIME FULCRUM" : RESEARCH REPORT
ABOUT FUJIAN PROVINCE OF CHINA AND INDONESIA

中国社会科学出版社

图书在版编目(CIP)数据

"21世纪海上丝绸之路"与"全球海洋支点"对接研究：中国福建省、印
度尼西亚调研报告/许利平等著. —北京：中国社会科学出版社，2017.2(2017.10重印)
(国家智库报告)
ISBN 978 - 7 - 5203 - 0060 - 5

Ⅰ.①2…　Ⅱ.①许…　Ⅲ.①国际合作—区域经济合作—研究报告—
福建、印度尼西亚　Ⅳ.①F127.57②F125.534.2

中国版本图书馆 CIP 数据核字(2017)第 060776 号

| | | |
|---|---|---|
| 出 版 人 | 赵剑英 | |
| 责任编辑 | 陈雅慧 | |
| 责任校对 | 王　斐 | |
| 责任印制 | 李寡寡 | |

| | | |
|---|---|---|
| 出　　版 | 中国社会科学出版社 | |
| 社　　址 | 北京鼓楼西大街甲 158 号 | |
| 邮　　编 | 100720 | |
| 网　　址 | http://www.csspw.cn | |
| 发 行 部 | 010 - 84083685 | |
| 门 市 部 | 010 - 84029450 | |
| 经　　销 | 新华书店及其他书店 | |

| | |
|---|---|
| 印刷装订 | 北京君升印刷有限公司 |
| 版　　次 | 2017 年 2 月第 1 版 |
| 印　　次 | 2017 年 10 月第 2 次印刷 |

| | |
|---|---|
| 开　　本 | 787 × 1092　1/16 |
| 印　　张 | 10.25 |
| 插　　页 | 2 |
| 字　　数 | 151 千字 |
| 定　　价 | 56.00 元 |

**摘要：**中国"21世纪海上丝绸之路"倡议与印度尼西亚"全球海洋支点"战略构想高度契合，这已成为中国与印尼两国领导人的共识。如何对接，并制定中国与印尼海洋合作蓝图，将成为"一路"建设的关键工程之一。

印尼是"21世纪海上丝绸之路"建设的支点国家，也是世界上最大的海洋国家之一，其海洋通道、海洋经济及海洋文化等对中国建设"21世纪海上丝绸之路"具有重要战略意义。

中国福建省是古代海上丝绸之路的重要起点，历史上就是沟通中国与世界的重要桥梁，现在已成为中国建设"21世纪海上丝绸之路"的核心区。

本书调研组分别赴印尼和福建省进行实地调研，通过焦点访谈等形式对政府部门、学术机构和企业等进行深度考察，获得了大量第一手资料。

本书以实地调研为基础，通过文献资料收集与分析，提出了中国与印尼两大战略构想对接蓝图，即整合现有机制，成立高层"海丝"对接工作组；多措并举，发展海洋经济伙伴关系；综合施策，以基础建设为依托，打造基建发展伙伴关系；挖掘潜力，打造能源合作伙伴关系。

基于印尼和中国政治制度不同，风俗习惯相异，本书提出了中国与印尼在合作中遇到的三大风险：一是地缘政治风险；二是民族主义上升的风险；三是恐怖主义袭击的风险。

**关键词：**21世纪海上丝绸之路　全球海洋支点　印度尼西亚　中国福建省

**Abstract**: The initiative of "21st Century Maritime Silk Road" put forward by China highly tallies with the development plan of "Global Maritime Fulcrum" forged by Indonesia, this has become consensus of the leaders of the two nations. How to dock with the two strategies and make a blueprint of maritime cooperation between China and Indonesia is one of key projects in building "21st Century Maritime Silk Road".

Indonesia is one of maritime fulcrum in "21st Century Maritime Silk Road", and also one of the largest maritime countries in the whole world. The ocean channel, marine economy and marine culture in Indonesia have important strategic significance for China's construction of "21st Century Maritime Silk Road".

Fujian Province is an important starting point of the ancient maritime Silk Road, and it is an important bridge between China and the world in history. Now Fujian Province has become the core area of building "21st Century Maritime Silk Road".

The research group went to Indonesia and Fujian Province to conduct field research, through the focus interviews with government departments, academic institutions and enterprises to conduct in-depth investigation, acquired a large number of first-hand materials.

Based on field research, through the collection and analysis of materials, from perspective of comparison, this think tank report put forward the blueprint for docking with the two strategies. That is to conformity the existing mechanism for establishment of a high-level silk road docking working group, take measures to develop the marine economy partnership, take comprehensive measures to promote infrastructure development partnership, tap the potentials for building energy partnership.

Based on the different political systems and customs in Indonesia and China, this report puts forward three major risks encountered by China and Indonesia in cooperation, namely the issues of geo-political, the rising of nationalism and attacks of terrorism.

**Key Words**: 21st Century Maritime Silk Road, Global Maritime Fulcrum, Indonesia, Fujian Province of China.

# 目　　录

# 前　言

　　"一带一路"合作倡议涉及沿线 60 多个国家或地区，这些国家或地区政治制度、发展水平、文化习俗等千差万别。中国与这些国家或地区共建"一带一路"，既面临多重风险，又存在着巨大合作空间。如何评估这些风险，拓展合作空间，是摆在我们面前现实而又紧迫的任务。

　　"21 世纪海上丝绸之路"倡议与印度尼西亚的"全球海洋支点"战略构想高度契合，这已成为双方领导人的共识，如何对接，并制定中国与印尼海洋合作蓝图，将成为"一路"建设的关键工程之一。

　　印尼是"21 世纪海上丝绸之路"建设的支点国家，也是世界上最大的海洋国家之一，其海洋通道、海洋经济及海洋文化等对中国建设"21 世纪海上丝绸之路"具有重要战略意义。

　　中国福建是古代海上丝绸之路的重要起点。绵延千年的海外交流史上，泉州港、福州港、漳州港都对海上丝绸之路发展发挥了重要作用。当前，在国家"一带一路"合作倡议引领下，福建再次"扬帆起航"，驶向更高目标，全力打造"21 世纪海上丝绸之路"核心区。

　　如何对接"21 世纪海上丝绸之路"与"全球海洋支点"战略，是本次中国福建和印度尼西亚的实地考察调研的一个重点。

　　本调研组一行 5 人，在 2015 年 5 月和 11 月分别赴福建和印尼进行实地调研。在福建，调研组与福建商务厅、发改委，泉州商务局、港务局等单位的同志座谈，并参观访问了泉州港、厦门港和福州港，马尾中国—东盟水产品交易中心，福州自贸区等。

在印尼，调研组成员与印尼海洋与资源统筹部，印尼外交部，印尼政治、法律和安全事务统筹部，印尼科学院政治研究中心等的官员和学者进行了深入交流。调研组还分别对印尼最大民意调查中心、中国路桥工程有限责任公司和中国水电两家国有企业的印尼代表处进行实地考察，并与印尼华商总会座谈。

通过对中国福建与印度尼西亚两地的实地调研，调研组对福建的"21世纪海上丝绸之路"核心区定位以及印尼"全球海洋支点"战略有了更深的了解和认识，为搞好两地战略对接积累了丰富资料，并提出相应的对策、建议。

首先，福建作为"21世纪海上丝绸之路"核心区具有自身的优势。福建具有区位优势，它地处中国东南亚沿海，位于长三角、珠三角之间，连接海峡两岸与香港、澳门，是中国与东南亚、大洋洲、东非等地重要的交通枢纽。

福建具有人文优势，在东南亚的华人中，有800多万人祖籍福建。东南亚在全球的500强华人企业，福建籍企业占了近200家，而且福州、莆田、泉州、厦门等地，拥有丰富的"海丝"历史文化遗迹，这为核心区打造奠定了坚实的社会人文基础。

福建具有经贸合作的优势。一方面，福建设立自贸区，为"21世纪海上丝绸之路"建设增添了新的动力；另一方面，福建在与东南亚经贸合作方面，地位突出，东盟是福建第二大贸易伙伴。

福建如何建设"21世纪海上丝绸之路"核心区？我们认为，福建需要加强顶层设计，做好规划衔接，同时也要引入试探性创新模式，充分发挥地方政府、学术机构和非政府组织以及华人华侨的积极性。同时加强互联互通建设，提升港口以及其他交通枢纽的地位，加快跨国通信网络建设，促进信息、资本以及货物和人员往来。除此之外，加强当地产业优势，升级全球产业链地位，发展海洋经济等均有助于福建核心区建设。

其次，印尼全球海洋支点战略具有现实基础。"全球海洋支点"战略是在印尼经济和社会发展面临瓶颈的情况下，佐科总统抛弃传统的爪哇农业王国式的治国理念，另辟蹊径，重新审视印尼的资源和战略位置，继承苏西洛政府对外政策的大方向，提出的以国内发展为重点，在中长期将印尼建设成为中等强国的国家综合发展战略。

印尼"全球海洋支点"战略包含五大支柱，即复兴海洋文化、发展海洋经济、强化海洋基础设施、活跃海洋外交和提升海洋国防，其实质是以开发海洋潜力带动国防、贸易、基建等国内综合发展，将粮食安全、领土和主权纠纷、基础设施落后、国防力量薄弱等诸多问题一揽子解决。

再次，中国和印尼在"21世纪海上丝绸之路"与"全球海洋支点"战略对接方面，具有很强的互补性，将打造共同发展、共同繁荣的伙伴关系。本书特提出以下对策建议，以供有关部门参考。

第一，整合现有机制，成立高层"海丝"对接工作组。中国和印尼现有政治和安全、经济合作与人文交流三个副总理级对话机制。中印尼双方可以整合上述三个副总理级对话机制，成立更高级别的"海丝"对接工作组，可以考虑由中国常务副总理和印尼副总统共同牵头，统筹协调各个部门，有针对性地开展"海丝"对接工作。

第二，多措并举，发展海洋经济伙伴关系。以港口合作为依托，全面推进临港工业园合作。福州、厦门、泉州等港口，可以与印尼丹戎不碌港、比通港等合作，共同建设临港工业园。以渔业合作为抓手，开展海产品加工、饲料、渔具、渔船、捕捞、养殖等方面合作。以海洋生物医药为动力，共同开发海洋生物资源，打造海洋经济新高地。

第三，综合施策，发展以基础设施建设为依托打造基建发展伙伴关系。基础设施建设是中国和印尼发展的共同需求。经过 30 多年的改革开放，中国积累了丰富的基础设施建设的经验和技术，同时也聚集了充足的资金。由于国内政治原因，印尼的基础设施建设"缺口太多"，以至于落后的基础设施严重制约其经济发展。

中国倡议设立的"亚洲基础设施投资银行"和"丝路基金"对印尼庞大的基础设施资金缺口具有"雪中送炭"的作用。雅加达—万隆高铁项目的启动，标志着中国和印尼基建伙伴关系"渐入佳境"。

除了高铁外，印尼的公路、桥梁、火力发电等基础设施，迫切需要中国企业的大量参与。随着"一带一路"倡议的稳步推进，中国和印尼基础设施合作建设将迎来一个历史性的高潮。

第四，挖掘潜力，打造能源合作伙伴关系。印尼蕴藏着丰富的能源资源，是东南亚能源生产与消费大国。中国是能源进口大国，且能源进口增长趋势强劲。中国和印尼在能源领域存在诸多共同利益，具有广阔的合作空间。尽管印尼能源产业潜力巨大，但面临开发不足与投资乏力的困境。印尼能源战略地理位置险要，是中国进口油气资源的重要海洋通道。中国加大对印尼能源开发力度，同印尼加强能源合作，对中国和印尼的长期发展至关重要。

第五，风险防范。印尼和中国政治制度不同，风俗习惯相异，双方合作不可避免面临一些风险。一是地缘政治风险。美国、日本等西方国家十分看重印尼在地区中的重要角色和地位，不希望印尼向中国"一边倒"，对中国在印尼的合作或投资，将可能采取更多制约措施。特别是中国在印尼大项目的投资，一定要考虑地缘政治的风险，比如雅万高铁的波折，较为形象生动地表明了中国在印尼投资的地缘政治风险。

二是民族主义上升的风险。作为地区大国，历史上又遭受过殖民侵略，加上邻国的崛起，印尼的民族主义有上升的趋势。大肆挖掘矿产资源、非法捕鱼、大量雇佣外籍劳工等，都将广泛地激起民族主义。

三是恐怖主义的风险。进入 21 世纪以来，印尼成为全球恐怖主义活动的热点地区，恐怖活动频发。虽然印尼政府采取各种措施打击恐怖主义，但彻底根除恐怖主义，仍然任重而道远。

针对上述风险，中国可采取政府协调沟通、投资本土化、舆论引导等方式逐步化解。

综上所述，中国和印尼同为发展中大国，都处于工业化、现代化发展时期，"21 世纪海上丝绸之路"和"全球海洋支点"战略给两国的工业化和现代化建设提供了新的平台与合作的契机。只要双方秉持共商、共建、共享原则，照顾彼此的关切点和舒适度，中印尼两国合作的空间将会越来越大，利益合作的蛋糕将越做越大，随之政治互信将越来越强，进而将进一步丰富两国全面战略伙伴关系的内涵，推动两国更加紧密合作，最后服务于两国的战略目标。

# 第一章　印度尼西亚"全球海洋支点"战略及其前景

　　自 2014 年 10 月 20 日印尼总统佐科就任以来，"全球海洋支点"战略构想呼之即出，并成为印尼未来 5—10 年的国家发展规划。印尼"全球海洋支点"战略构想与中国"21 世纪海上丝绸之路"合作倡议具有高契合度，必将对未来中—印尼关系产生重要影响，并具有广阔的发展前景。

## 一　背景

　　2013 年 10 月，习近平主席访问印尼，正式提出共建"21世纪海上丝绸之路"的合作倡议，在印尼朝野引起了巨大反响。当时，各大政党都在准备 2014 年大选，印尼未来的发展战略成为各个政党的总统候选人思考的焦点议题。受习近平主席提出的倡议启发，佐科竞选的顾问团队为其设计了"全球海洋支点"战略构想，其主要理由为：

　　1. 独特的地理位置

　　印尼地处亚洲通向澳洲、太平洋通向印度洋的咽喉地带，拥有的七大海峡是世界贸易的重要通道，战略地位独特而重要。

　　2. 海洋大国地位

　　印尼拥有 17000 多个岛屿，国土面积 2/3 为海洋，海洋面积为 790 万平方公里，海岸线长达 81000 公里，为世界上最大的海洋国家。

3. 巨大的海洋经济潜力

根据印尼经济学家测算，印尼海洋蕴含的经济潜力可达到每年 12 万亿美元，然而目前已开发的不到 10%。

4. 落后的海洋物流

印尼海洋物流基础设施十分落后，从爪哇岛到巴布亚的物流成本高于从爪哇岛到欧洲，使得印尼出口货物竞争力不强。

5. 大量被侵蚀的海洋资源

根据印尼渔业部门的统计，每年外国非法捕鱼者经常入侵印尼经济海域。这些非法捕鱼者每天都在侵蚀印尼的海洋资源，预估印尼每年损失约达 300 万亿印尼盾（约合 250 亿美元）。

印尼巨大的海洋发展潜力与日益被掠夺的海洋资源之间存在巨大落差，重视海洋，实现"海洋强国"目标成为"全球海洋支点"战略构想的基本出发点。

## 二　五大支柱打造"全球海洋支点"

2014 年 11 月 13 日上午，在缅甸召开的东亚峰会上，佐科总统第一次公开系统地阐述了其"全球海洋支点"战略构想。他提出，通过五大支柱建设"全球海洋支点"，即复兴海洋文化，发展海洋经济，强化海洋基础设施，活跃海洋外交，提升海洋国防。国际媒体把该战略构想又称为"佐科主义"。

1. 复兴海洋文化

印尼是一个悠久的文明古国，拥有辉煌的航海历史。在历史上，曾兴起过室利佛逝和麻若巴歇等海洋强国。在殖民统治时期，殖民者对印尼陆上的自然资源的经济剥削和对海港的严密控制，使印尼人民对国土的关注焦点从海洋开始转向陆地，淡忘了曾引以为豪的航海精神。

日惹苏丹一针见血地指出，在殖民主义的经济发展模式影响下，印尼人不再热心征服大海。他们的性格变得娇气、容易满足。在全球化和现代化的当今社会，自然表现出热衷消费主义，缺少斗志。国外产品在印尼畅销，但是印尼本土却缺乏创新的动力。

如何复兴海洋文化？佐科认为首先要进行"思想革命"，在日常生活的点点滴滴中改变习惯和思维模式，例如从饮食上增加鱼类在三餐中的比例。这不仅是为了提高印尼的渔业产量，也是从思想上进行革命：如果渔业在印尼民众日常生活中的影响越来越大，那么人们对非法捕鱼、海洋污染等问题会变得敏感，政府打击非法行动的力度也会更大。

其次，还要在学校和社会中加强海洋精神的教育和宣传，在高等教育机构中促进海洋产业的技术研发，增强政府部门和社会对《海洋法》和相关规定的理解。

最后，要提高渔民的经济和社会地位，特别是需要提升渔民的教育水平和职业技术水平。未来，印尼需要针对渔民完善基础教育和职业教育。

2. 发展海洋经济

发展海洋经济是"全球海洋支点"战略的核心内容，它与保护海洋资源和经营海洋资源紧密联系在一起。其目标是在2025年使印尼进入发达国家的行列。

为了顺利实施这一计划，佐科采取多管齐下的方式，全面推进发展海洋经济规划。

（1）设立海洋事务统筹部。其主要职责是就统筹国家的海洋宏观政策、海洋资源开发、海洋环境保护、海洋基础设施建设等，协调和整合相关海洋事务部门。在该部门下，统筹部长负责协调下属4个部门，即海洋和渔业部、交通部、能源和矿产资源部以及旅游部。

（2）推行《海洋法》。2014年9月通过的《海洋法》成为佐科进行海洋资源开发的法律基础。这是印尼建国后通过的首部海洋法。该部法律确认了印尼作为群岛海洋国家的定位，这与佐科在"全球海洋支点"蓝图中对印尼的定位相同。

（3）协调中央与地方的关系。在印尼地方自治的背景下，中央政府只保留对国防、外交、立法、宗教、货币和金融的管辖权，其他领域由县级政府和议会管理。为了使中央和地方在海洋开发项目上协调一致，佐科已经召集了爪哇和马鲁古的102位县长，就岛屿间互联互通、非法捕鱼和保护渔民等问题进行了沟通和协调。

（4）发展渔业。印尼每年渔业产量可以达到6000万吨。如果潜力完全被挖掘，印尼将拥有世界上最大的渔业部门，成为最大的新鲜鱼类和罐装鱼类出口国。

目前印尼渔业面对的任务是要对渔业进行宏观调控：第一，打击某些地区过度捕捞和非法捕捞；第二，改善渔民的生存条件，保护渔民权益；第三，吸引私营部门对渔业投资。

（5）开发海洋能源。印尼油气资源有60%蕴藏在海洋。除了油气资源以外，潮汐能等可更新海洋能源也潜力巨大。

2014年通过《海洋法》后，目前国会正在考虑制定新的法律规范公海能源管理和开发，相信在中长期印尼可以走出资金、技术和人力资源缺乏的困境，在海洋新能源开发领域取得令人注目的成就。

（6）发展旅游业

印尼拥有17000多个岛屿，拥有巨大的海洋旅游潜力。印尼的岛屿旅游开发潜力达到每年4兆印尼盾（约合19亿人民币）。然而已经开发成为旅游目的地的岛屿屈指可数。

印尼新政府还没有就开发海洋旅游形成整体规划。佐科表示，为了开发旅游业的潜力需要形成清晰的路线图和战略。印尼的旅游部已经开始采取一些措施来发展旅游业，比如2015年印尼旅游推广预算有所调整，从3000亿印尼盾增长到1.2兆印尼盾；开拓中东、欧洲等新市场；通过简化入关程序、减免签证费等手段吸引游客等。

3. 强化海洋基础设施

海洋基础设施的建设一直是印尼历届政府所关注的焦点。因为它不仅涉及印尼的经济，而且还涉及印尼的军事与安全。2003 年和 2008 年的《印尼国防白皮书》都相继提到要加强海洋基础设施建设，重点是岛际的互联互通建设。

就经济层面来说，岛际的互联互通应该与近海的基础设施相配套，比如海上高速公路、深海港、航运业和沿岸的公路网、铁路网等。

根据印尼政府 2015—2019 年基础设施规划，未来 5 年印尼将新建和扩建 24 个港口，增加 26 艘货轮、6 艘运输牲畜的船只和 500 艘民用客船；在爪哇、苏门答腊、苏拉威西和加里曼丹建设全长 3258 公里的铁路网；在 60 个地点建设渡轮码头，并增加 50 艘渡轮。

此外，未来 5 年将建设全长为 2650 公里的新公路和 1000 公里的高速公路，另外要维修全长 46770 公里的已有公路；在未来 5 年兴建 15 个机场，增加 20 架运输飞机，以及在 6 个地点建设物流运输机场。

根据上述规划，印尼第二港务公司准备在 2015 年底，花费 13.5 万亿印尼盾修建 4 大港口。这 4 大港口建成后，吞吐能力将是世界级的。首先是索隆港口，占地 7500 公顷，投资将是 3 万亿—3.5 万亿美元，预计 2017 年完工。这个港口不但将成为印尼东部的航运中心，而且对澳大利亚也将产生重要影响。

第二个是吉庆港（Kijing），在西加里曼丹。占地 5000 公顷，拟投资 3.5 万亿—4 万亿美元，该港口将依托于经济特区，并为经济特区服务。

第三个是扎拉特（Carat）港，占地 5000 公顷，位于南苏门答腊。拟投资 3.5 万亿—4 万亿美元。

第四个是井里汶，属于扩建港口，占地 20 公顷，拟投资 2

万亿印尼盾。主要深挖港口，从原来的 5 米到 10 米，以利于原材料的运输。

4. 活跃海洋外交

印尼海洋外交的两大核心，一是保障印尼国家领土安全和主权完整；二是维护地区和平与稳定，特别是维护地区海洋秩序和安全。围绕上述两大核心目标，印尼主要通过以下三个方面来活跃海洋外交。

（1）解决海洋边界划界问题

与邻国早日划定海洋边界将有助于印尼顺利推进海洋资源的保护与开发。目前印尼在以下海域尚未与邻国确定界线：

领海：在苏拉威西海尚未与马来西亚和菲律宾确定领海界线，与东帝汶尚未确定领海界线。

毗连区：印尼国内尚未有法律规定，与邻国未有协定。

专属经济区：尚未与印度、泰国、马来西亚、帕劳和越南确定界线。

大陆架：尚未与菲律宾达成协议。

（2）强化海洋权益

印尼海洋面积广阔，由于巡逻和监管能力不足，其领土主权和海洋权益经常受到侵犯。

佐科通过软硬两手，强化海洋权益。一方面，积极与其他国家合作，保护海洋生物资源，保护海洋环境；另一方面，对他国非法入侵印尼领海的行为表示强硬态度。

（3）维护南海和平与稳定

印尼不是南海岛礁主权的争端方，在南海岛礁主权问题上，不选边站是印尼历届政府的立场，也符合印尼的国家基本利益。

印尼在南海问题的解决中将起到关键桥梁作用，这是由它的特殊地位决定的。佐科多次表示愿意为解决南海问题担任"诚挚的中间人"。在 2014 年东盟峰会上，他重申了印尼对南海问题的一贯态度，即履行《南海各方行为宣言》，并支持尽快通过协商的方式达成《南海行为准则》。

5. 提升海洋国防

作为太平洋与印度洋的交汇处，印尼有责任和义务加强海洋国防，这不仅是保卫印尼海洋主权与资源的要求，也体现了印尼的国际责任，即维护海洋航行自由和海洋安全。

在海洋国防方面，印尼主要面临以下挑战：

（1）海洋非安全问题突出。如海盗、非法捕鱼、海洋环境污染、海上救援等，成为当前印尼需要关注的最紧迫的安全问题。

（2）海洋传统安全漏洞多。印尼海洋面积大，海军力量不足，使得海洋传统安全得不到全面保障。

（3）国防预算有限、先进海军装备数量少。印尼虽然是东南亚最大的经济体，但国防预算较低。2013 年，印尼的国防预算占 GDP 不到 1%。虽然印尼从俄罗斯、美国和德国等进口了海军舰艇和战斗机，但数量有限，难以满足海军国防需要。

针对印尼海洋国防力量的现状，佐科力图改变落后的状况。2014 年 5 月，佐科提出，将印尼海军建设成为东亚地区令人尊敬的海上力量。他还提出将在远期建设"一体化的三维防御系统"。佐科表示，印尼海军力量增长目的是为了保护国际航道，是为了防御而不是进攻。印尼建设海军并不会对周边国家产生威胁，也不意味着与中国在海上形成对抗。

佐科政府采取具体措施来提升海洋国防。首先，增加国防军费预算，在未来 5 年，国防军费的预算从占 GDP 的 0.8% 扩大到 1.5%。其次，扩大与外国合作。比如在海洋信息搜集和监控方面，印尼已经与荷兰达成了协议，荷兰将为印尼提供集成的信息技术系统监控海洋安全活动。

# 三 发展前景

"全球海洋支点"战略构想与印尼以前的海洋发展战略具有

显著不同的特点。"全球海洋支点"战略构想的重点在于发展海洋经济；范围从太平洋扩展到横跨太平洋和印度洋地区，兼顾两洋战略。

那么，"全球海洋支点"战略构想是否能变成现实？其发展前景如何？

第一，项目建设需要量化和落地。"全球海洋支点"战略构想需要进一步厘清长远目标与短期规划的关系，并制定量化的具体目标和时间段，使之切实可行。这一切的实施不仅需要各部门的协调与配合，而且需要国会的支持。

第二，邻国的配合不可或缺。近期佐科政府在治理非法捕鱼和保护领海方面显示出了坚定的决心，受到印尼民众的肯定，但是不免使印尼与马来西亚、越南、菲律宾等周边国家的关系受到负面影响。同时，佐科政府又显示出尽快解决领海边界问题、请求邻国投资印尼基础设施等合作性意愿。如何同时处理好这些关系，将考验佐科政府的外交智慧和能力。

第三，资金落实是关键。"全球海洋支点"战略构想涉及众多基础设施项目，资金需要量较大，但印尼政府靠自身力量难以解决，必须借助国际资本来落实，比如可以借助亚投行和丝路基金等。

总而言之，印尼的"全球海洋支点"战略构想是立足印尼自身国情和区域特点提出的，具有坚实的社会基础和政治基础。但由于国内、国际环境的复杂性，印尼实施"全球海洋支点"战略构想需要克服多重障碍，这是一个需要磨合的过程。

# 第二章　福建"海丝"核心区建设的现实基础

  中国福建省作为古代丝绸之路的重要发源地，在建设"21世纪海上丝绸之路"方面，承担着重大任务。2015 年 3 月 28日，经国务院授权，国家发展和改革委员会、外交部和商务部等部门联合发布《推动共建丝绸之路经济带和 21 世纪海上丝绸之路的愿景与行动》，把福建省作为"21 世纪海上丝绸之路"的核心区来建设。中央将福建省定位成海上丝绸之路的核心区，说明福建省在海上丝绸之路建设中的重要地位。福建省发展和改革委员会、福建省外事办、福建省侨办、福建省商务厅、福建省海洋渔业厅等单位正商讨海上丝绸之路核心区建设方案。福建省建设好海上丝绸之路不仅能够加快福建省经济增长，而且对国家形成全方位对外开放新格局发挥重要作用。

  福建在古代就作为郑和下西洋的基地，在对外经济交流方面发挥重要作用。福建省的泉州是宋元时期海上丝绸之路的主港，被称为"东方第一大港"，泉州被誉为"世界宗教博物馆"，被列入世界级和国家级"非物质文化遗产"名录的项目分别达到 4 个和 31 个，国家级文物保护单位 31 处。漳州月港是明朝中后期海上丝绸之路的始发港。

  福建的商人自古就传递着海上丝绸之路的薪火，在海外从事各种商业活动，福建已经成为中国拥有华侨最多的地区。跟随闽籍商人的足迹，海外建成的妈祖宫庙已经达到 5000 多座，而且有数以万计的海外人士信奉妈祖。作为著名的侨乡，以福建为祖籍的华人和华侨遍布世界130多个国家和地区，人数达到1580万人。其中80%的华侨华人集中在东南亚地区从事实业，不少侨胞经营规模较大。

# 一　福建海上丝绸之路核心区的产业发展基础

福建的海岸线非常长，尤其岛屿岸线长达2804公里，位居全国第二。而且福建港湾分布多，深水岸线资源居全国首位，如厦门湾、沙埕湾、兴化湾、东山湾、三都澳等深水港可以开发建设10万吨级以上泊位。这些港湾仍待开发，开发潜力很大。

当前，福建的港口与周边国家的港口航运往来频繁，2013年福建省港口开通至海上丝绸之路沿线国家和地区航线达到102条，货物吞吐量达到1.08亿吨，其中集装箱装箱能力达210万TEU。港口运输货物包括煤炭及制品、石油天然气及制品、金属矿建材料、机械设备等。

由于文化趋同性与地缘联系，福建在发展海上丝绸之路核心区方面具有天然优势。这种海外华人华侨因素也随之体现在福建省的对外贸易上。2015年东盟与福建省的进出口贸易额达到1051.6亿元，而海上丝绸之路沿线国家与福建省的进出口额达到2744.3亿元，其中福建出口达到1832.6亿元，进口达到911.7亿元。

## （一）福建省产业结构基础以及对经济增长的贡献

福建省产业基础比较好，第一产业产值占地区生产总值的比重不断下降，而第二产业和第三产业占地区生产总值的比重则在逐步上升。2005年，福建省第一产业的产值达到827.36亿元人民币，占地区生产总值的12.6%；第二产业的产值达到

3175.92亿元,比重为48.5%;第三产业的产值为2551.41亿元,比重达到38.9%。在第二产业中,工业的产值约为2801.88亿元,建筑业的产值达到374.05亿元,占地区生产总值的比重分别达到42.8%和5.7%。

2010年,福建省第一产业的比重与2005年相比有所下降,第二产业比重则相应上升,第三产业的比重没有明显的变化。具体而言,福建省地区生产总值由2005年的6554.69亿元增长至14737.12亿元;第一产业的产值增长至1363.67亿元,第二产业的产值增长至7522.83亿元,第三产业则达到5850.62亿元。三次产业占地区生产总值的比重分别调整至9.3%、51%和39.7%。其中,工业和建筑业的比重分别达到43.4%和7.6%。

2014年,第一产业占地区生产总值的比重进一步下降,第二产业的比重进一步上升,而第三产业的比重仍然没有明显变化。第一产业产值占地区生产总值的比重约为8.4%,而第二产业和第三产业的比重则分别为52%和39.6%。

表2-1　　　　　　2005—2014年福建省产业结构变化　　（亿元人民币,%）

| 年度 | 地区生产总值 | 第一产业 | | 第二产业 | | 第三产业 | | 工业 | | 建筑业 | |
|---|---|---|---|---|---|---|---|---|---|---|---|
| | | 产值 | 比重 | 产值 | 比重 | 产值 | 比重 | 产值 | 比重 | 产值 | 比重 |
| 2005 | 6554.69 | 827.36 | 12.6 | 3175.92 | 48.5 | 2551.41 | 38.9 | 2801.88 | 42.8 | 374.05 | 5.7 |
| 2006 | 7583.85 | 865.98 | 11.4 | 3695.04 | 48.7 | 3022.83 | 39.9 | 3230.49 | 43.7 | 464.56 | 5.7 |
| 2007 | 9248.53 | 1002.11 | 10.8 | 4476.42 | 48.4 | 3770 | 40.8 | 3896.76 | 43.4 | 579.66 | 5.7 |
| 2008 | 10823.01 | 1158.17 | 10.7 | 5318.44 | 49.1 | 4346.4 | 40.2 | 4593.24 | 42.4 | 725.2 | 6.7 |
| 2009 | 12236.53 | 1182.74 | 9.7 | 6005.3 | 49.1 | 5048.49 | 41.2 | 5106.38 | 41.7 | 898.92 | 7.4 |
| 2010 | 14737.12 | 1363.67 | 9.3 | 7522.83 | 51 | 5850.62 | 39.7 | 6397.71 | 43.4 | 1125.12 | 7.6 |
| 2011 | 17560.18 | 1612.24 | 9.2 | 9069.2 | 51.6 | 6878.74 | 39.2 | 7675.09 | 43.7 | 1394.11 | 7.9 |
| 2012 | 19701.78 | 1776.71 | 9 | 10187.94 | 51.7 | 7737.13 | 39.3 | 8541.94 | 43.4 | 1646 | 8.3 |
| 2013 | 21868.49 | 1874.23 | 8.6 | 11329.6 | 51.8 | 8664.66 | 39.6 | 9455.32 | 43.2 | 1895.48 | 8.7 |

续表

| 年度 | 地区生产总值 | 第一产业 | | 第二产业 | | 第三产业 | | 工业 | | 建筑业 | |
|------|------|------|------|------|------|------|------|------|------|------|------|
| | | 产值 | 比重 | 产值 | 比重 | 产值 | 比重 | 产值 | 比重 | 产值 | 比重 |
| 2014 | 24055.76 | 2014.8 | 8.4 | 12515.36 | 52 | 9525.6 | 39.6 | 10426.71 | 43.3 | 2112.03 | 8.8 |

资料来源：福建省统计年鉴。

在各产业对经济增长的贡献率方面，福建省的经济增长主要靠第二产业和第三产业来拉动，第一产业的贡献非常小。2005年福建省第二产业和第三产业对经济增长的贡献率分别达到51.3%和45.7%。其中，在第二产业中工业的贡献率达到46%。从具体的地区生产总值增长率来看，2005年地区生产总值增长率为11.6%，其中第二产业和第三产业分别拉动经济增长6和5.3个百分点，而第一产业仅拉动经济增长0.3个百分点。

2010年福建省地区生产总值增长率达到13.9%，其中第一产业、第二产业和第三产业对经济增长的贡献率分别达到2.1%、67.9%和30%。可见福建省第二产业对经济增长的作用明显增强，而相比之下第三产业的贡献率有了较大幅度的下跌。从产业拉动地区增长百分点的角度而言，第二产业拉动经济增长9.4个百分点，而第三产业拉动经济增长的百分点达到4.2，第一产业拉动经济增长的百分点仅为0.3。

2014年福建省第二产业对经济增长的贡献率比2010年有所下降，只有66%，第三产业和第一产业的贡献率比2010年有所上升，分别达到30.8%和3.2%。由于2014年福建省地区生产总值增长速度放缓，因此三次产业拉动经济增长的百分点也相应发生变化，第二产业拉动经济增长的百分点下降至6.5，第三产业拉动经济增长的百分点则下降至3.1，而第一产业拉动经济增长的百分点仍然为0.3。在第二产业中，工业对经济的拉动作用仍然较明显，达到5.6个百分点。

从 2005—2014 年福建省各产业对经济增长的贡献率的分析可以看出，在福建省对经济增长起最明显作用的产业是第二产业，而且第二产业对经济的贡献率已经明显超过第一产业和第三产业贡献率之和。另外，第一产业在福建省经济增长中的作用最小，而且对经济的拉动作用在十年来没有太大变化。第三产业在福建省经济增长中的作用正在呈明显下降趋势。第二产业中，工业对经济增长的作用不断增强，已经成为拉动福建省经济增长的最重要的产业。

表 2-2　　　2005—2014 年福建省各产业对经济增长的贡献率　　　（%）

| 年份 | 贡献率 | | | | 地区生产总值增长率 | 拉动经济增长的百分点 | | | |
|---|---|---|---|---|---|---|---|---|---|
| | 第一产业 | 第二产业 | 第三产业 | 工业 | | 第一产业 | 第二产业 | 第三产业 | 工业 |
| 2005 | 3 | 51.3 | 45.7 | 46 | 11.6 | 0.3 | 6 | 5.3 | 5.3 |
| 2006 | 0.7 | 54.4 | 45 | 46.1 | 14.8 | 0.1 | 8 | 6.7 | 6.8 |
| 2007 | 2.8 | 59.1 | 38.1 | 52.5 | 15.2 | 0.4 | 9 | 5.8 | 8 |
| 2008 | 3.8 | 58.8 | 37.4 | 51.4 | 13 | 0.5 | 7.6 | 4.9 | 6.7 |
| 2009 | 3.6 | 57.1 | 39.3 | 47.6 | 12.3 | 0.5 | 7 | 4.8 | 5.9 |
| 2010 | 2.1 | 67.9 | 30 | 58.7 | 13.9 | 0.3 | 9.4 | 4.2 | 8.2 |
| 2011 | 3.3 | 67.2 | 29.5 | 59 | 12.3 | 0.4 | 8.3 | 3.6 | 7.3 |
| 2012 | 3.2 | 66.1 | 30.7 | 54.4 | 11.4 | 0.4 | 7.6 | 3.5 | 6.2 |
| 2013 | 3 | 64.6 | 32.4 | 53.6 | 11 | 0.3 | 7.1 | 3.6 | 5.9 |
| 2014 | 3.2 | 66 | 30.8 | 56.8 | 9.9 | 0.3 | 6.5 | 3.1 | 5.6 |

资料来源：福建省统计年鉴。

## （二）福建省对外出口产品的比较优势

福建省对外出口的商品主要是工业制品，杂项制品、机械及运输设备、按原料分类的制成品、服装及衣着附件、鞋靴等制成品出口额较大。其中，杂项制品出口额最大，在 2010 年为 308.17 亿美元，2013 年达到 505.81 亿美元，2014 年增长至

532.94 亿美元。机械及运输设备和按原料分类的制成品 2010 年的出口额分别达到 211.98 亿美元和 119.05 亿美元，2014 年分别达到 269.73 亿美元和 206.56 亿美元。在初级产品方面，食品及活动物，鱼、甲壳及软体类动物及其制品，蔬菜及水果是出口最多的前三种商品，而这些商品在 2010 年的出口额分别达到 48.14 亿美元，26.49 亿美元和 16.51 亿美元，到 2014 年分别增长至 84.77 亿美元、55.32 亿美元和 21.51 亿美元。制造业中，纺织服装鞋帽类和建材类产品的生产是福建省的强项。这些产业使得福建省与东盟、日本、德国以及中东等国家和地区结成重要对外贸易伙伴。

表 2-3　　　　　福建省对外出口的主要商品　　　　（亿美元）

| 项目 | 2010 年 | | 2013 年 | | 2014 年 | |
|---|---|---|---|---|---|---|
| | 出口 | 进口 | 出口 | 进口 | 出口 | 进口 |
| 一　初级产品 | 52.98 | 102.41 | 85.80 | 265.13 | 91.86 | 290.00 |
| 食品及活动物 | 48.14 | 10.96 | 79.70 | 21.11 | 84.77 | 27.02 |
| 鱼、甲壳及软体类动物及其制品 | 26.49 | 0.83 | 50.60 | 2.49 | 55.32 | 2.82 |
| 蔬菜及水果 | 16.51 | 1.10 | 21.92 | 2.13 | 21.51 | 2.39 |
| 非食用原料 | 2.44 | 67.49 | 4.53 | 139.68 | 5.61 | 148.26 |
| 咖啡、茶、可可、调味料及其制品 | 1.22 | 0.20 | 1.66 | 0.23 | 2.10 | 0.21 |
| 二　工业制品 | 661.95 | 270.45 | 978.94 | 363.34 | 1042.66 | 349.55 |
| 杂项制品 | 308.17 | 69.06 | 505.81 | 69.48 | 532.94 | 64.87 |
| 机械及运输设备 | 211.98 | 110.48 | 253.93 | 133.69 | 269.73 | 120.94 |
| 按原料分类的制成品 | 119.05 | 38.74 | 190.26 | 43.64 | 206.56 | 41.31 |
| 服装及衣着附件 | 86.98 | 0.17 | 164.53 | 0.25 | 170.30 | 0.31 |
| 鞋靴 | 72.48 | 0.56 | 115.66 | 0.55 | 122.68 | 0.59 |
| 未列名杂项制品 | 52.48 | 3.04 | 84.45 | 3.44 | 89.99 | 3.16 |

续表

| 项目 | 2010 年 | | 2013 年 | | 2014 年 | |
|---|---|---|---|---|---|---|
| | 出口 | 进口 | 出口 | 进口 | 出口 | 进口 |
| 电信及声音的录制及重放装置设备 | 74.42 | 8.17 | 71.32 | 12.29 | 78.56 | 12.17 |
| 非金属矿物制品 | 40.15 | 3.65 | 58.16 | 6.23 | 64.05 | 4.32 |
| 电力机械、器具及其电气零件 | 46.76 | 40.03 | 58.04 | 54.33 | 59.63 | 48.76 |
| 纺纱、织物、制成品及有关产品 | 28.29 | 7.12 | 64.88 | 9.74 | 58.23 | 9.34 |
| 专业、科学及控制用仪器和装置 | 33.86 | 57.53 | 49.99 | 55.55 | 46.12 | 51.04 |
| 家具及其零件、褥垫及类似填充制品 | 26.82 | 0.29 | 35.87 | 1.59 | 37.54 | 1.70 |

资料来源：福建省统计年鉴。

除了商品分类以外，商品要素密集度可以反映贸易双方的国际分工地位。由于数据的局限性，我们采用国家层面的数据来进行分析和比较。中国与东盟之间的贸易商品按照《国际贸易标准分类》进行重新归类，0—4 类产品归于资源密集型产品，第6、8 类产品归类于劳动密集型产品，第5、7 类产品归类于资本密集型产品。计算所用数据来自 WITS 数据库提供的双边贸易数据。对 1995—2014 年中国与东盟双边贸易商品的要素密集度分析可以发现，1995 年中国对东盟出口的商品主要是劳动密集型和资本密集型产品，分别占总出口额的 39.63% 和 39.04%，而东盟对中国出口的商品主要是资源密集型产品，占总出口额的 52.39%。2005 年，中国对东盟出口的商品更多地集中在资本密集型产品上，其占总出口额的比重达到 55.26%，而东盟对中国出口的商品从资源密集型产品转向资本密集型产品，资本密集型产品出口占总出口额的比重达到 61.31%。2014 年，中国对东盟出口的商品重新分布在劳动密集型和资本密集型产品上，比重分别达到 44.65% 和 45.98%。东盟对中国出口的商品

仍然是以资本密集型产品为主，所占比重达到 58.7%，而资源
密集型产品和劳动密集型产品分别为 29.75% 和 11.55%。

表 2-4　1995—2014 年中国与东盟进出口商品的要素密集度变化　　（%）

| 年份 | 中国对东盟出口 | | | 东盟对中国出口 | | |
|------|------|------|------|------|------|------|
| | 资源密集型产品 | 劳动密集型产品 | 资本密集型产品 | 资源密集型产品 | 劳动密集型产品 | 资本密集型产品 |
| 1995 | 21.33 | 39.63 | 39.04 | 52.39 | 20.92 | 26.69 |
| 1996 | 19.40 | 37.48 | 43.12 | 52.09 | 19.21 | 28.70 |
| 1997 | 18.86 | 40.08 | 41.06 | 49.86 | 17.16 | 32.98 |
| 1998 | 20.52 | 31.96 | 47.52 | 37.94 | 19.18 | 42.88 |
| 1999 | 17.11 | 31.33 | 51.56 | 36.43 | 17.56 | 46.01 |
| 2000 | 17.09 | 29.31 | 53.60 | 38.89 | 13.38 | 47.73 |
| 2001 | 15.07 | 28.08 | 56.85 | 32.91 | 12.59 | 54.49 |
| 2002 | 15.90 | 27.79 | 56.31 | 32.47 | 12.56 | 54.97 |
| 2003 | 16.25 | 28.00 | 55.75 | 32.11 | 12.79 | 55.10 |
| 2004 | 11.53 | 31.12 | 57.35 | 30.82 | 11.07 | 58.12 |
| 2005 | 12.60 | 32.14 | 55.26 | 28.96 | 9.73 | 61.31 |
| 2006 | 9.78 | 33.47 | 56.76 | 29.27 | 9.89 | 60.83 |
| 2007 | 9.43 | 35.52 | 55.06 | 29.69 | 9.91 | 60.40 |
| 2008 | 8.17 | 34.97 | 56.86 | 35.54 | 9.72 | 54.74 |
| 2009 | 11.08 | 32.09 | 56.83 | 33.18 | 10.67 | 56.16 |
| 2010 | 11.63 | 35.25 | 53.12 | 34.35 | 11.04 | 54.61 |
| 2011 | 10.89 | 37.55 | 51.57 | 40.03 | 11.30 | 48.67 |
| 2012 | 9.06 | 41.91 | 49.03 | 37.18 | 11.69 | 51.13 |
| 2013 | 9.49 | 43.87 | 46.65 | 36.11 | 12.71 | 51.18 |
| 2014 | 9.37 | 44.65 | 45.98 | 29.75 | 11.55 | 58.70 |

资料来源：WITS 数据库。

### （三）福建省对外经贸合作趋势

福建省正在通过促进贸易的政策来扶持出口。这些政策包括引导企业熟悉中国—东盟自由贸易区政策，对出口企业给予融资和通关等方面的优惠待遇。福建省政府鼓励企业参与中国—东盟博览会，并且对于海上丝绸之路沿线国家参展的企业给予各种政策支持。为了吸引外商直接投资，福建省召开投资环境推介会、投资项目对接会、投资洽谈会、海上丝绸之路专题论坛、"一带一路"合作论坛、中国海峡项目成果交易会等。

与此同时，为鼓励中国企业的海外投资，向对外投资的企业提供贷款贴息政策，并为减轻企业投资的前期费用和人员培训费用等负担，向企业提供补贴。福建省海洋与渔业厅制定《福建省海外渔业发展规划》，重点建立远洋渔业产业园区，并且对福建省发改委等部门认定的远洋渔业产业园区提供最高500万元的补贴。福建省与东盟国家建成的远洋渔业综合基地已经达到7个，与东南亚国家来往的海上运输航线已经达到51条。

在这些引资政策的影响下，福建省实际利用外商直接投资额有了明显的增长。表2－5列出了十多年来投资福建省的主要国家和地区。2000年以来，福建省实际利用外商直接投资金额整体是增长的。2014年福建省实际利用外商直接投资额达到71.15亿美元，其中中国香港、英属维尔京群岛、新加坡、中国台湾、开曼群岛、日本等国家和地区是主要的外商直接投资来源地。英属维尔京群岛的直接投资在2000年只有2.18亿美元，而到了2010年已经达到4.22亿美元，到2014年增至7.33亿美元。2000年新加坡的直接投资金额只有1.23亿美元，2010年达到2.55亿美元，2014年已经增至5.18亿美元。

表 2-5　　福建省分主要国别（地区）实际利用外商直接投资金额　（亿美元）

| 国家或地区 | 2000 年 | 2005 年 | 2010 年 | 2013 年 | 2014 年 |
|---|---|---|---|---|---|
| 总计 | 38.04 | 26.08 | 58.03 | 66.79 | 71.15 |
| 中国香港 | 15.17 | 12.18 | 35.46 | 40.09 | 45.15 |
| 英属维尔京群岛 | 2.18 | 3.51 | 4.22 | 5.88 | 7.33 |
| 新加坡 | 1.23 | 0.77 | 2.55 | 2.31 | 5.18 |
| 中国台湾 | 0.00 | 0.00 | 2.38 | 4.25 | 3.68 |
| 开曼群岛 | 2.06 | 0.92 | 1.27 | 0.59 | 0.68 |
| 日本 | 0.77 | 0.74 | 0.63 | 0.59 | 0.67 |
| 中国澳门 | 0.27 | 0.62 | 0.52 | 2.04 | 0.46 |
| 美国 | 6.47 | 1.70 | 0.51 | 0.57 | 0.38 |
| 印度尼西亚 | 0.18 | 0.06 | 0.19 | 0.28 | 0.32 |
| 韩国 | 0.04 | 0.11 | 0.33 | 0.02 | 0.25 |
| 巴哈马 | 0.04 | 0.00 | 0.18 | 0.44 | 0.24 |
| 加拿大 | 0.19 | 0.04 | 0.11 | 0.10 | 0.17 |
| 英国 | 1.62 | 0.14 | 0.10 | 0.04 | 0.04 |
| 澳大利亚 | 0.22 | 0.10 | 0.18 | 0.31 | 0.03 |
| 德国 | 0.46 | 0.00 | 0.14 | 0.20 | 0.02 |

资料来源：福建省统计年鉴。

　　从行业来看的话，福建省吸收的外商直接投资主要集中在工业和其他服务业上。改革开放 30 多年来，福建省吸收外商直接投资的领域也出现一些变化。投资于工业领域的外商直接投资呈现出先上升后下降的趋势，而服务业则除改革开放初期以外，大体上出现持续上升趋势。1980 年外商直接投资于工业的金额达到 247 万美元，占所有行业吸收外商直接投资额的 53.2%。之后，工业吸收的外商直接投资额持续上升，直到 2006 年达到最高值，为 65.93 亿美元。工业吸收的外商直接投资比重则在 2004 年已经达到最高值，即 79.4%。近十年来，工业吸收的外商直接投资无论在绝对金额上，还是在比重上，均呈现下降趋势。2014 年，福建省工业领域吸收的外商直接投资金额达到 36.79 亿美元，占所有行业吸收外商直接投资额的 43.3%。与工业吸收外商投资的情形相反的是其他服务业领域。其他服务业吸收的外商直接投资金额整体保持上升趋势，比重也从 1985 年的 17.4% 上升至 2014 年的 33.3%。这种变化趋势反映了中国对外贸易结构的重大变化，货物贸易出现重大转折，而服务贸易正在逐步显现出其在对外贸易领域中的巨大潜力。

除此之外，批发和零售贸易餐饮业的外商直接投资金额也在持续上升，从 1980 年的低于 100 万美元增长至 2014 年的 13.3 亿美元，其比重也从 0 上升至 15.7%。农业、建筑业和运输业等行业吸收外商直接投资比重基本上低于 5%。

表 2-6　　　　福建省按行业分外商直接投资合同金额　　　（千万美元,%）

| 年份 | 总计 | 农业 | | 工业 | | 建筑业 | | 运输业 | | 零售业 | | 其他服务业 | |
|---|---|---|---|---|---|---|---|---|---|---|---|---|---|
| | | 金额 | 比重 | 金额 | 比重 | 金额 | 比重 | 金额 | 比重 | 金额 | 比重 | 金额 | 比重 |
| 1980 | 0.5 | 0.0 | 7.1 | 0.2 | 53.2 | 0.0 | 1.1 | 0.0 | 2.6 | 0.0 | 0.0 | 0.2 | 36.0 |
| 1985 | 37.7 | 1.2 | 3.3 | 16.0 | 42.4 | 1.3 | 3.3 | 0.6 | 1.6 | 12.1 | 32.1 | 6.6 | 17.4 |
| 1990 | 116.2 | 3.5 | 3.0 | 90.1 | 77.6 | 0.1 | 0.1 | 0.3 | 0.3 | 0.5 | 0.4 | 21.7 | 18.7 |
| 1995 | 890.6 | 20.8 | 2.3 | 660.2 | 74.1 | 3.2 | 0.4 | 17.3 | 1.9 | 27.9 | 3.1 | 161.3 | 18.1 |
| 2000 | 431.4 | 18.1 | 4.2 | 318.2 | 73.8 | 1.7 | 0.4 | 2.0 | 0.5 | 7.5 | 1.7 | 83.9 | 19.4 |
| 2004 | 537.3 | 12.7 | 2.4 | 426.7 | 79.4 | 0.3 | 0.1 | 15.7 | 2.9 | 13.8 | 2.6 | 68.1 | 12.7 |
| 2005 | 595.7 | 22.4 | 3.8 | 467.7 | 78.5 | 1.6 | 0.3 | 21.7 | 3.6 | 15.2 | 2.6 | 68.0 | 11.4 |
| 2006 | 862.1 | 17.2 | 2.0 | 659.3 | 76.5 | 6.1 | 0.7 | 26.3 | 3.0 | 38.0 | 4.4 | 115.2 | 13.4 |
| 2007 | 867.4 | 16.5 | 1.9 | 648.4 | 74.8 | -0.2 | 0.0 | 12.3 | 1.4 | 36.5 | 4.2 | 153.9 | 17.7 |
| 2008 | 715.2 | 27.2 | 3.8 | 444.7 | 62.2 | 3.2 | 0.5 | 37.0 | 5.2 | 56.6 | 7.9 | 146.6 | 20.5 |
| 2009 | 536.1 | 23.2 | 4.3 | 316.8 | 59.1 | 1.5 | 0.3 | 31.8 | 5.9 | 38.4 | 7.2 | 124.5 | 23.2 |
| 2010 | 737.6 | 24.4 | 3.3 | 452.8 | 61.4 | 0.8 | 0.1 | 16.8 | 2.3 | 93.8 | 12.7 | 148.8 | 20.2 |
| 2011 | 921.9 | 41.5 | 4.5 | 542.0 | 58.8 | 2.6 | 0.3 | 16.3 | 1.8 | 86.2 | 9.4 | 233.3 | 25.3 |
| 2012 | 929.1 | 67.5 | 7.3 | 364.1 | 39.2 | 17.0 | 1.8 | 35.6 | 3.8 | 154.0 | 16.6 | 290.8 | 31.3 |

续表

| 年份 | 总计 | 农业 | | 工业 | | 建筑业 | | 运输业 | | 零售业 | | 其他服务业 | |
|---|---|---|---|---|---|---|---|---|---|---|---|---|---|
| | | 金额 | 比重 | 金额 | 比重 | 金额 | 比重 | 金额 | 比重 | 金额 | 比重 | 金额 | 比重 |
| 2013 | 833.6 | 22.9 | 2.7 | 415.9 | 49.9 | 12.5 | 1.5 | 28.2 | 3.4 | 125.2 | 15.0 | 229.1 | 27.5 |
| 2014 | 849.1 | 34.8 | 4.1 | 367.9 | 43.3 | 10.6 | 1.3 | 19.6 | 2.3 | 133.3 | 15.7 | 283.0 | 33.3 |

注：表中的运输业中包括交通、运输仓储及邮电通信业；零售业中包括批发和零售贸易餐饮业。

资料来源：根据福建省统计年鉴，笔者自行计算。

### （四）福建省基础设施互联互通建设

随着国家"一带一路"建设战略的制定和福建省被纳入"21世纪海上丝绸之路"核心区建设，福建省发改委正在加快基础设施互联互通建设项目的前期工作，为海上丝绸之路开辟重要的交通通道。福建省正在构建海上西线、南线、北线和陆地经济合作走廊，从政策到平台建设以及资源利用等方面已经有了一些进展。

福建省基础设施互联互通建设项目计划包括港口、铁路、高速公路和机场等基础设施的互联互通。近些年，福建省的港口建设正在加快进程。中化斗尾30万吨级油码头、国投湄洲湾码头一期工程、福州港松下山前作业区18号泊位等项目已经建成。由此，福建省港口集装箱吞吐能力进一步增强，15万吨级集装箱船、30万吨级散货船、30万吨级油轮可以同行停靠，国际航线进一步拓展。航空输送能力方面，福州机场、厦门机场、武夷山机场和晋江机场的改造使得福建省空运能力进一步增强。另外，厦门正在计划建设新机场，福州机场第二期工程也正在进入准备工作。铁路方面，合福铁路于2015年投入运营，赣龙铁路扩能改造工程、衢宁铁路、吉永泉铁路、浦美铁路建宁至连城段、福厦高铁等建设项目正在进行或正准备开工。

# 二　福建省海上丝绸之路核心区建设中存在的问题

## （一）福建省与海上丝绸之路沿线国家产业合作尚待挖掘

多年来，福建省产业结构不断完善，第二产业对经济增长的贡献非常明显，成为福建省对外出口的主要产业。虽然福建省与东盟成员国等贸易伙伴的贸易与投资活动不断增强，但整体上与海上丝绸之路沿线国家间的经贸往来仍然显得不足，没有发挥规模效应。从福建省主要外商投资企业数量来看，来自中国香港、中国台湾、美国、日本、中国澳门等地的外商投资企业占前五位，其数量分别达到 8463 家、4117 家、660 家、506 家和 383 家。而来自"21 世纪海上丝绸之路"沿线国家的外商投资企业数量非常少，基本在前十名以外。

从表 2－7 可以看出，2005 年以来主要外商投资企业的国别或地区来源基本没有太多变化，表明对"21 世纪海上丝绸之路"沿线国家企业的引资工作仍有待增强。不仅是在外商直接投资企业数量方面，外商直接投资金额方面也具有类似的特点。从表 2－7 中也可以看出，在福建进行直接投资的境外国家或地区大多数也是中国主要的贸易伙伴，主要分布在东北亚地区和太平洋沿岸，而多数国家或地区并不处于"海上丝绸之路"沿线。福建省与东盟国家之间合作的多数是贴牌加工、组装加工等类型企业，而且多数为贸易型企业，不涉及具体生产。①

---

① 吴崇伯：《福建构建 21 世纪海上丝绸之路战略的优势、挑战与对策》，《亚太经济》2014 年第 6 期。

表 2 - 7　　　　　　　　福建省的主要外商投资企业数　　　　　（家）

| 国家或地区 | 2005 年 | 2010 年 | 2011 年 | 2012 年 | 2013 年 | 2014 年 |
|---|---|---|---|---|---|---|
| 中国香港 | 8586 | 8443 | 8311 | 8365 | 8365 | 8463 |
| 中国澳门 | 400 | 387 | 380 | 384 | 373 | 383 |
| 中国台湾 | 3879 | 3796 | 3884 | 3953 | 3907 | 4117 |
| 日本 | 610 | 558 | 559 | 547 | 529 | 506 |
| 英国 | 90 | 87 | 85 | 76 | 73 | 71 |
| 德国 | 51 | 74 | 76 | 75 | 75 | 73 |
| 加拿大 | 148 | 185 | 186 | 183 | 178 | 194 |
| 美国 | 706 | 730 | 721 | 697 | 674 | 660 |
| 澳大利亚 | 150 | 198 | 197 | 196 | 190 | 184 |

注：2013 年以前不含其他外商投资企业和外商投资企业分支机构。

资料来源：福建省统计年鉴。

## （二）福建省港口腹地经济仍有待开发

福建省作为中国南北海运的重要支点，拥有长达 3324 公里的大陆海岸线，有着厦门湾、三都澳、湄洲湾等 7 处优良深水港湾，区位和港口优势明显。福建省规划利用岸线长度 480 公里，拥有可建设 20 万—30 万吨的超大型深水码头岸线 40 多公里。福建省政府出台了《关于加快港口发展的行动纲要（2014—2018）》，并集中力量建设核心港区，形成面向世界、服务中西部地区发展的现代化港口群。① 福建省加强和中部省份的合作，试图提高中西部地区对福建省港口的利用率。但是当前福建省港口货物吞吐量仍显得不足，其他省份多数利用广东、上海等地的港口，只有少部分地区才会利用福建的港口。而且福建港口铁路支线尚未形成网络，在建或规划中的港口支线中的动车线未开通货运，无法确保货运通道的畅通。福建省 29 个

---

① 《福建港口新变化：大港口，大产业，大开放》，东南网，http：//fjnews. fjsen. com/2014 - 12/25/content_ 15451693. htm。

县拥有 27 个港区共 74 个作业区，但港区之间相隔太远，集装箱航线网络仍待进一步开发，港口集约化程度尚待完善。福建作为未来海上丝绸之路的重要国际航运中心，从租赁到金融和保险等配套服务尚未完善，航运相关的海事仲裁、货运代理、保险公估等服务水平有待提高。①

**（三）人才结构与福建省构建海上丝绸之路核心区需求不匹配**

从福建省人才供求情况来看，一些行业的人才供应长期得不到满足。根据福建省人力资源和社会保障厅公布的 2015 年第四季度福建省人力资源市场职业供求状况，仅制造业、居民服务和其他服务业等两个行业需求人数占所有行业需求人数的 83%。虽然该值比 2015 年第一季度下降了 4%，但制造业长期人力资源缺乏的情形并没有出现大的变化。而且从人才供给结构来看，福建省人力资源供需结构性矛盾突出。初级工的供给占 66% 左右，而高级技术人员供给非常低，只有 2%②。这种人才供应结构与福建省发展海上丝绸之路核心区有较大差距。从单位性质来看，私营公司、港澳台商投资企业和个体经营企业的人力资源需求最多，分别占所有类型企业人力资源需求的 39.08%、13% 和 11.49%，③ 表明非国有部门对人才的需求比较大。福建省人才很难引进的重要原因在于技术研究与开发投入资金不足，无法有效地吸引高新技术人才。

---

① 郑智敬、徐伟：《福建港口加快融入海上丝绸之路建设步伐》，《中国港口》2015 年第 1 期。

② 蔡珍美：《海上丝绸之路视角下的福建先进制造业人力资源提升策略》，《牡丹江大学学报》2015 年第 4 期。

③ 福建省人力资源和社会保障厅：《福建省人力资源市场 2015 年第四季度职业供求状况分析》，福建省人力资源和社会保障厅网站，http://www.fjrs.gov.cn/xxgk/jycy/zh/201601/t20160127_1135021.htm。

# 三 福建省建设"21世纪海上丝绸之路核心区"的思路

## （一）海上丝绸之路核心区建设要契合福建自由贸易试验区建设

福建自由贸易试验区建设是福建省进一步推动机制改革与创新的重要机会。从深化机制改革、推动投资管理体制、建立福建开放型经济新格局等角度来看，福建自由贸易试验区与海上丝绸之路核心区建设从战略上有机契合。福建自由贸易试验区重在提高福建省国际贸易能力与服务水平，探索更开放、更便利的国际投资贸易规则，应对全球变局的高标准自由贸易协定。而"21世纪海上丝绸之路核心区"则要成为"21世纪海上丝绸之路"互联互通建设的重要枢纽和经贸合作的前沿平台，不仅促进投资贸易便利化、推动金融创新，而且要在完善法制环境和建立国际常态化交流机制方面进行探索。通过福建自由贸易试验区的建设在试验区内先试行投资准入政策、货物贸易便利化措施、扩大产业开放，有助于促进福建与海上丝绸之路沿线国家的经贸往来，打造海上合作支点，让福建成为互联互通的重要枢纽和经贸合作的战略平台。积极探索新型高效行政管理体系，以准入前国民待遇、负面清单等新规则作为重要实践内容，根据国际投资和贸易规则完善法律和法规，有效保护投资者权益和知识产权，建立更加开放、国际化和法治化的投资环境，打造福建开放型经济升级版。

## （二）统筹资源有效配置支点城市功能

充分发挥福建省拥有的港口与航线资源，在科学合理运用福州、厦门、泉州等城市的运输通道的基础上，加快腹地铁路与陆路运输相关基础设施建设，形成高效密集的通陆达海的客货联通枢纽。完善与"丝路"沿线国家市场对接的物流服务体系，鼓励"丝路"沿线国家航运企业设立分支机构，共同发展国际航线，拓展航运新通道。根据临港产业资源，大力开发港口为核心的物流综合通道，对福建省港口码头资源和功能定位进行调整，形成科学有序的港口系统。

泉州应利用建设"21世纪海上丝绸之路"先行区的机会，发挥著名侨乡与世界海洋文化发祥地优势，继续推动民营经济综合改革，挖掘历史文化价值，打造作为海上丝绸之路起点的符号与品牌形象，推动"海丝"沿线国家和地区协同发展。福州、厦门等城市要发挥其港口资源和产业基础，打造成"21世纪海上丝绸之路"战略枢纽城市，以海洋经济作为新经济增长点，创新对外合作新机制。完善厦门港集装箱运输布局，提升厦门集装箱干线港和国际中转港地位，将厦门建设成面向东盟的国际航运中心。加强"两集两散两液"核心港区建设，即厦门港海沧港区和福州江阴港区以集装箱运输为主，罗源湾和湄洲湾以大宗散货运输为主，湄洲湾和漳州古雷以液体散货运输为主。港口经济的发展需要与铁路和陆路运输相匹配，形成高效的客运和货运网络。

### （三）建立与海上丝绸之路核心区相配套的金融支持系统

要引导金融机构与海上丝绸之路相关的重大项目对接，开发各种跨国金融服务平台，为双边贸易与投资提供高质量服务。开发与海运相关的金融业务，提高航运业务的安全性和高效性，为海上丝绸之路核心区的发展提供有利环境。提高企业的跨境贸易结算效率，通过试点运行外汇管理方法，促进个人与企业对海上丝绸之路沿线国家的贸易与投资等经营活动。积极探索和引进第三方支付方式，采取灵活多样的投融资与结算业务，促进跨境资金往来。鼓励保险机构在海运贸易中发挥相应作用与功能，通过制度创新降低保险公司提供跨境理赔的费用，支持国内外金融机构展开各种形式合作，为福建省进出口贸易与投资提供便利的制度环境。

## （四）深入挖掘国际产业合作潜力，打造"丝路"沿线贸易与投资平台

海上丝绸之路沿线包括东盟、非洲等国家，而不同国家拥有的资源和优势均不相同。有必要针对不同国家和地区制定不同的合作战略规划，引导企业的贸易与投资方向。中国与东盟自由贸易区从启动阶段和全面建成阶段，迈向巩固完善阶段。促进中国与东盟之间的企业对话与合作、促进双边贸易与投资联系以及各国的经济发展是中国—东盟自由贸易区的建设目标。然而中国—东盟双边自由贸易仍然存在一些客观障碍和干扰，包括东盟对中国经济崛起的担忧、中国与一些东盟国家的历史争端、经济结构与发展瓶颈、贸易保护主义等问题。

"对接东盟"是福建省推动海上丝绸之路的重要一环。福建省需要进一步完善对东盟合作战略规划，加强与东盟各国的水产品合作，通过福建自由贸易区的平台，不断完善东盟水产品交易，打造水产品合作基地。同时，东盟水产品平台的建设离不开通信网络设施的建设。跨境电子商务以及物流信息共享平台的完善将有助于福建省与东盟之间的交易和人员往来，进一步促进互联互通。应充分利用罗源湾、湄洲湾和古雷港区等散货集散基地和石化基地，扩大天然气等矿产资源的进口，逐步将相关港口建设成能源和海产品加工基地。

与东盟相比，中国与南亚和非洲国家之间的经贸合作具体制度建设仍有待进一步增强，因此需要积极开辟市场，探寻合作领域。斯里兰卡、印度等国家市场潜力较大，中国的海上丝绸之路建设与这些国家的发展愿望形成利益汇合点，要加快投资便利化进程，鼓励企业参与这些国家的城市互联互通网络建设，从而促进贸易平衡增长。

### （五）海上丝绸之路核心区建设所需人力资源的引进

海上丝绸之路核心区目标的实现离不开高端人力资源的支持。要切实推动教育国际化步伐，积极开拓中外合作办学，加强与"丝路"沿线国家的教育交流，不断扩大合作空间，促进国际教育合作向更高水平发展。完善国际人才培养机制，培养熟悉国际规则、具备国际经贸能力的人才。加强海外人才培训计划，扩大海外专家之间的交流，并互派学者参与教学与科研。大力引进城市管理、电子商务、先进制造业、物流、贸易和金融等相关领域紧缺人才。可以与海上丝绸之路沿线国家共同培养"丝路"所需的各类人才，并通过各种人才交流与训练平台，形成共享与流动机制。

# 第三章　福建自由贸易区建设及应对

　　设立和建设自由贸易试验区是中国政府深入进行管理制度创新、实现贸易和投资自由化、建设开放型经济体制的重要战略举措。2014 年 12 月 28 日，全国人民代表大会常务委员会通过关于授权国务院在中国（广东）自由贸易试验区、中国（天津）自由贸易试验区、中国（福建）自由贸易试验区以及中国（上海）自由贸易试验区扩展区域暂时调整有关法律规定的行政审批的决定，标志着中国自由贸易试验区的建设正式启动。

　　自由贸易区是指在主权国家或地区的关境以外，划出特定的区域，准许外国商品豁免关税自由进出。① 近年来，中国政府相继批准设立了中国（上海）自由贸易试验区、中国（广东）自由贸易试验区、中国（天津）自由贸易试验区以及中国（福建）自由贸易试验区，全力打造中国经济升级版，力图建立一个与国际经贸规则和商业惯例密切契合，具备充分国际竞争力的经营环境和商业氛围。

　　2014 年 12 月 31 日，国务院正式批复设立中国（福建）自由贸易试验区。中国（福建）自由贸易试验区（以下简称福建自由贸易区或福建自贸区）从此成为中国大陆境内继中国（上海）自由贸易试验区之后的第二批获批建设的自贸试验区之一。赋予自贸试验区特殊的优惠税收和海关特殊监管政策，对于开

---

　　① 中国经济网，2010 年 2 月 3 日。

拓中国海外市场、提高物流效率，最终建立以贸易自由化、便利化为主要特征的多功能经济特区具有重要作用，福建自由贸易区的建立对其与"一带一路"战略实现良性互动和实时对接也具有重要意义。

## 一 福建自由贸易区建设现状

1. 福建自由贸易区的成立背景

福建自贸区的设立不是偶然的，它的建立和发展具有重要的时代背景。

首先，福建自贸区是在全球贸易竞争不断加剧的情况下建立的。

近年来，美国、欧洲和日本等经济发达体力图通过建立跨太平洋伙伴关系（TPP）、跨大西洋贸易与投资伙伴关系（TTIP）和多边服务业协议（PSA）以建立高于现有 WTO 的全球贸易体系和形成自己主导的多边贸易规则，中国面临着"二次入世"的巨大风险和压力。这三大协议一旦达成，很有可能会成为"重新构建国际贸易和投资规则的新载体，甚至以此制定新的世界经济规则并强化既有的中心—外围—边缘—蛮荒的世界权力（利）分配体系结构"。[①] 以 TPP 协议为例，TPP 协议具有以下明显特点：一是要求推行全面市场准入，推行更高标准的贸易自由化；二是推进投资自由化；三是强调服务贸易自由化；四是强调公平竞争原则。因此，如何应对新的国际经济和贸易形势，更好地与国际经济和贸易体系对接进而对中国参与国际经贸规则的制定提供有力的支撑成为建立福建新型自由贸易试验区的重要考量。

---

① 师毅：《自贸区成立的三大时代背景》，《新商务周刊》2015 年第 8 期，第 30 页。

其次，建立福建自贸区也是深化改革的迫切需要。随着中国经济改革进程的逐步深入，经济改革和发展的结构性矛盾愈加暴露无遗，中国经济也面临越来越大的下行压力。通过给予的优惠政策，自贸区建设可以为深入改革探索新的发展模式和新的路径，继而带动其他地区改革的进一步深入，为中国可持续的经济增长创造条件。

2. 福建自由贸易区的规划和布局

2015 年 3 月 24 日，中共中央政治局审议通过了福建自由贸易试验区总体方案。2015 年 4 月 21 日，福建自由贸易试验区揭牌仪式在福州的福建自由贸易试验区福州片区行政服务中心举行。

福建自由贸易试验区设有如下机构：

由福建省省委书记、人大常委会主任尤权任主任的福建自贸试验区工作领导小组领导自贸区工作，下设由省商务厅牵头的自贸试验区工作领导小组办公室，负责具体协调统筹自贸试验区发展工作。自贸试验区工作领导小组办公室主要负责研究和制定自贸区发展规划、政策措施并推动落实，指导自贸区各片区落实和制定自贸区各项行政管理制度，协调和进一步推进自贸区各项改革试点工作的跟进和落实，组织和落实自贸区有关国家安全审查、反垄断审查等各项具体工作，承担自贸区工作领导小组各项日常工作等。

领导小组办公室下设政策研究处和综合协调处，承担自贸区工作领导小组办公室日常工作。其中，政策研究处的主要职责为：承担自贸试验区制度创新研究、总结和推广创新经验和做法；会同有关部门研究起草自贸试验区发展规划及有关规章和政策措施并推动落实；承担自贸试验区设立和扩区审核转报的具体工作；指导各片区制定自贸试验区有关行政管理制度。综合协调处的主要职责为：协调推进自贸试验区各项改革试点任务的落实；组织落实自贸试验区国家安全审查、反垄断审查有关工作；指导、协调涉及自贸试验区的有关行政管理工作。①

此外，在福建自由贸易试验区下辖的福州、厦门和平潭三个片区还分别设立了片区管理委员会，负责各自片区的管理工作。

根据中国国务院制定的《中国（福建）自由贸易试验区总体方案》的要求，福建自由贸易试验区的战略定位是围绕立足两岸、服务全国、面向世界的战略要求，充分发挥改革先行优势，营造国际化、市场化、法治化营商环境，把自贸试验区建设成为改革创新试验田；充分发挥对台优势，率先推进与台湾地区投资贸易自由化进程，把自贸试验区建设成为深化两岸经济合作的示范区；充分发挥对外开放前沿优势，建设"21世纪海上丝绸之路"核心区，打造面向"21世纪海上丝绸之路"沿线国家和地区开放合作新高地。福建自由贸易试验区的发展目标是坚持扩大开放与深化改革相结合、功能培育与制度创新相结合，加快政府职能转变，建立与国际投资贸易规则相适应的新体制。创新两岸合作机制，推动货物、服务、资金、人员等各类要素自由流动，增强闽台经济关联度。加快形成更高水平的对外开放新格局，拓展与"21世纪海上丝绸之路"沿线国家和地区交流合作的深度和广度。经过三至五年改革探索，力争建成投资贸易便利、金融创新功能突出、服务体系健全、监管高效便捷、法制环境规范的自由贸易园区。②

从区位布局来看，福建自由贸易区由福州、厦门和平潭3个片区组成。总面积118.04平方公里，其中福州片区面积为31.26平方公里、厦门片区面积为43.78平方公里、平潭片区面积为43平方公里。福州片区包括面积22平方公里的福州经济

---

① 福建自由贸易区官方网站，http：//www.fjftz.gov.cn/article/index/gid/9/aid/358.html。

② 福建自由贸易区官方网站，http：//www.fjftz.gov.cn/article/index/aid/554.html。

技术开发区和面积 9.26 平方公里的福州保税港区两个区块，以先进制造业基地、"21 世纪海上丝绸之路"沿线国家和地区交流合作平台与海峡两岸服务贸易和金融创新合作示范区为建设重点，厦门片区包括面积为 19.37 平方公里的两岸贸易中心核心区和面积为 24.41 平方公里的东南国际航运中心核心区，将重点发展海峡两岸新兴产业和现代服务业合作示范区、东南国际航运中心、两岸区域金融服务中心和贸易中心。平潭片区包括面积为 16 平方公里的港口经贸区、面积为 15 平方公里的高新技术产业区和面积为 12 平方公里的旅游休闲区，将重点建设两岸共同家园和国际旅游岛，在投资贸易和资金人员往来方面实施更加自由便利的措施。

福建自由贸易试验区的主要任务包括：

（1）切实转变政府职能。

按照国际化、市场化、法治化要求，加快推进政府管理模式创新，福建省能够下放的经济社会管理权限，全部下放给自贸试验区。依法公开管理权限和流程。加快行政审批制度改革，促进审批标准化、规范化。建立健全行政审批目录制度，实行"一口受理"服务模式。完善知识产权管理和执法体制以及纠纷调解、援助、仲裁等服务机制。健全社会服务体系，将原由政府部门承担的资产评估、鉴定、咨询、认证、检验检测等职能逐步交由法律、会计、信用、检验检测认证等专业服务机构承担。

（2）推进投资管理体制改革。

探索对外商投资实行准入前国民待遇加负面清单管理模式。对外商投资准入特别管理措施（负面清单）之外的领域，按照内外资一致原则，外商投资项目实行备案制（国务院规定对国内投资项目保留核准的除外），由福建省办理；根据全国人民代表大会常务委员会授权，将外商投资企业设立、变更及合同章程审批改为备案管理，备案由福建省负责办理，备案后按国家有关规定办理相关手续。配合国家有关部门实施外商投资国家安全审查和经营者集中反垄断审查。强化外商投资实际控制人管理，完善市场主体信用信息公示系统，实施外商投资全周期监管，建立健全境外追偿保障机制。减少项目前置审批，推进网上并联审批。放宽外资准入，实施自贸试验区外商投资负面清单制度，减少和取消对外商投资准入限制，提高开放度和透明度。改革境外投资管理方式，将自贸试验区建设成为企业"走出去"的窗口和综合服务平台。对一般境外投资项目和设立企业实行备案制，属省级管理权限的，由自贸试验区负责备案管理。建立对外投资合作"一站式"服务平台。加强境外投资事后管理和服务，完善境外资产和人员安全风险预警和应急保障体系。

（3）推进贸易发展方式转变。

积极培育贸易新型业态和功能，形成以技术、品牌、质量、服务为核心的外贸竞争新优势。按照国家规定建设服务实体经济的国际国内大宗商品交易和资源配置平台，开展大宗商品国际贸易。按照公平竞争原则，发展跨境电子商务，完善与之相适应的海关监管、检验检疫、退税、跨境支付、物流等支撑系统。在严格执行货物进出口税收政策前提下，允许在海关特殊监管区内设立保税展示交易平台。支持开展汽车平行进口试点，平行进口汽车应符合国家质量安全标准，进口商应承担售后服务、召回、"三包"等责任，并向消费者警示消费风险。

探索具有国际竞争力的航运发展制度和运作模式。允许设立外商独资国际船舶管理企业。放宽在自贸试验区设立的中外合资、中外合作国际船舶企业的外资股比限制。允许外商以合资、合作形式从事公共国际船舶代理业务，外方持股比例放宽至51%，将外资经营国际船舶管理业务的许可权限下放给福建省，简化国际船舶运输经营许可流程。加快国际船舶登记制度创新，充分利用现有中资"方便旗"船税收优惠政策，促进符合条件的船舶在自贸试验区落户登记。允许自贸试验区试点海运快件国际和台港澳中转集拼业务。允许在自贸试验区内注册的大陆资本邮轮企业所属的"方便旗"邮轮，经批准从事海峡两岸与香港、澳门的邮轮运输。允许中资公司拥有或控股拥有的非五星旗船，试点开展外贸集装箱在国内沿海港口和自贸试验区内港口之间的沿海捎带业务。支持推动自贸试验区内符合条件的对外开放口岸对部分国家人员实施72小时过境免签证政策。结合上海试点实施情况，在统筹评估政策成效的基础上，研究实施启运港退税试点政策。

建设国际贸易"单一窗口"，全程实施无纸化通关。推进自贸试验区内各区域之间通关一体化。简化《内地与香港关于建立更紧密经贸关系的安排》《内地与澳门关于建立更紧密经贸关系的安排》以及《海峡两岸经济合作框架协议》（以下简称《框架协议》）下货物进口原产地证书提交需求。在确保有效监管前提下，简化自贸试验区内的海关特殊监管区域产品内销手续，促进内销便利化。大力发展转口贸易，放宽海运货物直接运输判定标准。试行企业自主报税、自助通关、自助审放、重点稽核的通关征管作业。在确保有效监管的前提下，在海关特殊监管区域探索建立货物实施状态分类监管模式。允许海关特殊监管区域内企业生产、加工并内销的货物试行选择性征收关税政策。试行动植物及其产品检疫审批负面清单制度。支持自贸试验区与"21世纪海上丝绸之路"沿线国家和地区开展海关、检验检疫、认证认可、标准计量等方面的合作与交流，探索实施与"21世纪海上丝绸之路"沿线国家和地区开展贸易供应链安全与便利合作。

（4）率先推进与台湾地区投资贸易自由。

在产业扶持、科研活动、品牌建设、市场开拓等方面，支持台资企业加快发展。推动台湾先进制造业、战略性新兴产业、现代服务业等产业在自贸试验区内集聚发展，重点承接台湾地区产业转移。取消在自贸试验区内从事农作物（粮棉油作物除外）新品种选育（转基因除外）和种子生产（转基因除外）的两岸合资企业由大陆方面控股的要求，但台商不能独资。支持自贸试验区内品牌企业赴台湾投资，促进闽台产业链深度融合。探索闽台合作研发创新，合作打造品牌，合作参与制定标准，拓展产业价值链多环节合作，对接台湾自由经济示范区，构建双向投资促进合作新机制。

推进服务贸易对台深度开放，促进闽台服务要素自由流动。进一步扩大通信、运输、旅游、医疗等行业对台开放。支持自贸试验区在框架协议下，先行试点，加快实施。对符合条件的台商，投资自贸试验区内服务行业的资质、门槛要求比照大陆企业。允许持台湾地区身份证明文件的自然人到自贸试验区注册个体工商户，无须经过外资备案（不包括特许经营，具体营业范围由工商总局会同福建省发布）。探索在自贸试验区内推动两岸社会保险等方面对接，将台胞证号管理纳入公民统一社会信用代码管理范畴，方便台胞办理社会保险、理财业务等。探索台湾专业人才在自贸试验区内行政企事业单位、科研院所等机构任职。深入落实《海峡两岸共同打击犯罪及司法互助协议》，创新合作形式，加强两岸司法合作。发展知识产权服务业，扩大对台知识产权服务，开展两岸知识产权经济发展试点。

电信和运输服务领域开放。允许台湾服务提供者在自贸试验区内试点设立合资或独资企业，提供离岸呼叫中心业务及大陆境内多方通信业务、存储转发类业务、呼叫中心业务、国际互联网接入服务业务（为上网用户提供国际互联网接入服务）和信息服务业务（仅限应用商店）。允许台湾服务提供者在自贸试验区内直接申请设立独资海员外派机构并仅向台湾船东所属的商船提供船员派遣服务，无须事先成立船舶管理公司。对台湾投资者在自贸试验区内设立道路客货运站（场）项目和变更的申请，以及在自贸试验区内投资的生产型企业从事货运方面的道路运输业务立项和变更的申请，委托福建省审核或审批。

商贸服务领域开放。在自贸试验区内，允许申请成为赴台游组团社的 3 家台资合资旅行社试点经营福建居民赴台湾地区团队旅游业务。允许台湾导游、领队经自贸试验区旅游主管部门培训认证后换发证件，在福州市、厦门市和平潭综合实验区执业。允许在自贸试验区内居住一年以上的持台湾地区身份证明文件的自然人报考导游资格证，并按规定申领导游证后在大陆执业。允许台湾服务提供者以跨境交付方式在自贸试验区内试点举办展览，委托福建省按规定审批在自贸试验区内举办的涉台经济技术展览会。

积极创新监管模式，提高贸易便利化水平。建立闽台通关合作机制，开展货物通关、贸易统计、原产地证书核查、"经认证的经营者"互认、检验检测认证等方面合作，逐步实现信息互换、监管互认、执法互助。完善自贸试验区对台小额贸易管理方式。支持自贸试验区发展两岸电子商务，允许符合条件的台商在自贸试验区内试点设立合资或独资企业，提供在线数据处理与交易处理业务（仅限于经营类电子商务），申请可参照大陆企业同等条件。检验检疫部门对符合条件的跨境电商入境快件采取便利措施。除国家禁止、限制进口的商品，废物原料，危险化学品及其包装，大宗散装商品外，简化自贸试验区内进口原产于台湾的商品的有关手续。对台湾地区输往自贸试验区的农产品、水产品、食品和花卉苗木等产品试行快速检验检疫模式。进一步优化从台湾进口部分保健食品、化妆品、医疗器械、中药材的审评审批程序。改革和加强原产地证签证管理，便利证书申领，强化事中事后监管。

推动人员往来便利化，在自贸试验区实施更加便利的台湾居民入出境政策。对在自贸试验区内投资、就业的台湾企业高级管理人员、专家和技术人员，在项目申报、入出境等方面给予便利。为自贸试验区内台资企业外籍员工办理就业许可手续提供便利，放宽签证、居留许可有效期限。对自贸试验区内符合条件的外籍员工，提供入境、过境、停居留便利。自贸试验区内一般性赴台文化团组审批权下放给福建省。加快落实台湾车辆在自贸试验区与台湾之间便利入出境政策，推动实施两岸机动车辆互通和驾驶证互认，简化临时入境车辆牌照手续。推动厦门—金门和马尾—马祖游艇、帆船出入境简化手续。

（5）推进金融领域开放创新。

建立与自贸试验区相适应的账户管理体系。完善人民币涉外账户管理模式，简化人民币涉外账户分类，促进跨境贸易、投融资结算便利化。自贸试验区内试行资本项目限额内可兑换，符合条件的自贸试验区内机构在限额内自主开展直接投资、并购、债务工具、金融类投资等交易。深化外汇管理改革，将直接投资外汇登记下放银行办理，外商直接投资项下外汇资本金可意愿结汇，进一步提高对外放款比例。提高投融资便利化水平，统一内外资企业外债政策，建立健全外债宏观审慎管理制度。允许自贸试验区内企业、银行从境外借入本外币资金，企业借入的外币资金可结汇使用。探索建立境外融资与跨境资金流动宏观审慎管理政策框架，支持企业开展国际商业贷款等各类境外融资活动。①

（6）培育平潭开放开发新优势。

3. 福建自由贸易区与国内其他自贸区的异同

中国福建自由贸易区与中国上海、广东和天津自由贸易区相比存在较大的地区差异且各地资源禀赋也不尽相同。因此，福建自由贸易区的发展不可能完全照搬其他地区自贸区的发展模式。

从国内其他三个自贸区的发展地位来看，上海自贸区定位

① 福建自由贸易区官方网站，http：//www.fjftz.gov.cn/article/index/aid/554.html。

主要以制度创新为核心，要使上海成为中国实行政府职能转变、金融制度、贸易服务、外商投资和税收政策等多项改革措施的核心试验区并大力推动上海市转口、离岸业务的发展。目前上海自贸试验区也已经在自贸区管理体制、投资自由化和贸易便利化、金融监管体制创新等多领域形成了一大批实验成果。广东自贸区的定位则是依托广东面临港澳的有力位置，贯彻国家的"一带一路"发展战略，在构建开放型对外开放新经济体制、探索粤港澳经济合作新模式、打造优质的法治化营商新环境等方面做出有益尝试，最终实现粤港澳经济深度一体化。天津自贸区的定位是立足自身高端制造及区位产业优势，实现技术创新，贯彻京津冀协同发展等国家战略，构建开放型经济新体制、探索区域经济合作新模式。

从国内其他三个自贸区的服务和合作对象来看，各地自贸区也是不尽相同。上海自贸区建设面向全球，服务涵盖的范围最广。广东自贸区发展则主要面向港澳地区，突出与港澳地区的合作。天津自贸区则主要面向东北亚地区特别是日本、韩国和俄罗斯。

从国内其他三个自贸区的主打产业来看，上海自贸区以国际金融中心的建设和进一步升级为主。广东自贸区则侧重服务贸易自由化，注重对港澳服务业的开放和与港澳服务业特别是金融业、物流业、专业服务业的衔接。天津自贸区则更加注重京津冀地区的制造业升级和改造，特别是在如何进一步降低现代制造业建设的交易成本和进一步推动中小型企业向科技化转型等方面进行探索和试验。

从自贸区发展的优劣势上看，上海自贸区的发展优势在于它是中国四大自贸区中最早建设和发展起来的，比其他三个自贸区的建设具有时间上的先发优势，经过相对更长时间的摸索已经对自贸区的相关内容和建设有了更加清晰的认知，相应的改革架构也已搭建完毕，金融市场的发达也为与自贸区建设配套的金融改革提供了良好的支撑。广东自贸区的优势在于由于随着其与周边特别是西部欠发达地区的交通运输条件改善，廉价劳动力的获取相对容易。此外，广东为我国改革开放的最前沿，对外开放时间较早，集中了一大批经济特区，民营经济相对发达，改革理念较高，创新能力较强。天津自贸区的优势在于其具有老牌工业城市的资源优势，技术型人力资源雄厚。加上其独特的地理位置能有效吸引北京的产业外溢，与日韩等东北亚国家经济交往也比较密切。

在具备上述优势的同时，各自贸试验区也都有各自的不足。上海自贸区的弱势在于其土地资源稀缺，建设成本较为昂贵。广东自贸区的弱点则是各经济特区的功能较为单一且大多重合，急需加以整合。天津自贸区的发展瓶颈是水资源较为稀缺，市场机制相对不足，工业的产业升级较为困难。

与上述三个自贸试验区相比，福建自贸区的发展具备自己的优势和发展自贸试验区的有利条件。

第一，福建的自然环境和条件较为优越。

福建省位于中国东南沿海，东临台湾，毗邻港澳，陆地面积12.14万平方公里，海域面积13.6万平方公里，是中国面向港澳和东南亚地区的主要省份之一。福建全省的气候条件也较为优良。气候温和、四季常青，雨量充沛，空气质量良好，水质量、空气质量和生态环境位居全国前茅，很少有雾霾等极端天气出现。森林覆盖率也常年稳居全国首位。

第二，福建的投资环境也较为良好。

福建是中国最早引入外资的地区之一，也是中国最具成长性和竞争力的省份。2014年福建GDP总值2.4万亿元人民币，社会消费品零售总额9205.5亿元人民币，进出口贸易1775亿美元，实际利用外商投资71.1亿美元。截至2014年底，已批准设立外商投资企业48681家，实际利用外资1001亿美元，已有

70 家世界 500 强企业在福建投资兴业。①

第三,福建的交通和基础设施也很发达。

福建全省也已形成大型海港、高速公路、高速铁路、现代空港的立体综合交通网络,福建是中国五大港口群之一,已开通集装箱国际航线 160 多条,可通达世界 130 多个港口。福建现有 5 个机场,已开通国际、国内航线 218 条,2014 年旅客吞吐量 3215 万人次。

第四,产业配套方面,福建也已形成自身优势产业集群。

福建南北连接珠江三角洲和长江三角洲两大经济发达区域,已形成包括以石油化工、装备制造、电子信息三大主导产业为主,生物医药、新能源、新材料、节能环保、文化创意等新兴产业和轻工、纺织、林产等优势产业为辅的产业结构和产业配套。

福建自由贸易区根据自身特点和条件经过一年的努力正逐步探索出适合福建地区状况和特点的自贸区发展模式。

福建自贸区主要定位于对台经贸,以"一区多园"模式对接台湾"六海一空一区"经济示范区。福建自贸试验区将立足于深化两岸经济合作。结合国家战略和福建特点,深化对台经济合作,率先推动闽台之间投资贸易自由化和资金人员往来便利化进程。福建自贸试验区将服务于"一带一路"战略。作为国务院确定的"21 世纪海上丝绸之路"核心区,福建将积极拓展与"21 世纪海上丝绸之路"沿线国家和地区的经贸合作,进一步优化福建对外开放格局。

在自贸区功能定位上,福建自贸区也有自己鲜明的特点。从区域布局划分来看,福州片区以建设先进制造业基地、"21 世纪海上丝绸之路"沿线国家和地区交流合作平台以及海峡两

---

① 福建自由贸易区官方网站,http://www.fjftz.gov.cn/article/index/gid/2/aid/142.html。

岸贸易和金融创新合作示范区为重点。厦门片区则重点发展海峡两岸新兴产业和现代服务业合作示范区、东南国际航运中心以及海峡两岸金融服务中心和两岸贸易中心。平潭片区则将两岸共同家园和国际旅游岛作为建设重点并在投资往来和贸易便利化等方面做出尝试。从海关监管方式来看，海关特殊监管区域主要以制度创新和开展国际贸易、保税加工贸易和保税物流为主。非海关特殊监管区域则以探索投资制度改革、推动金融创新和发展高端服务业为主。

4. 福建自由贸易区发展现状

自贸区在福建的设立为福建与海峡对岸产业融合和两岸经贸合作拓展了更大的应用空间。当前，福建自贸区发展势头良好，自贸区建设的成绩有目共睹。

第一，福建自贸区挂牌后，入区和驻区企业数量持续增长，注册资本不断增加。根据福建省工商局的统计，2016 年 1 月，福建自贸试验区共新增企业 2635 户，注册资本 381.99 亿元人民币，同比分别增长 2.75 倍和 1.56 倍。其中，新增内资企业 2481 户，注册资本 287.99 亿元人民币，同比分别增长 2.76 倍和 2 倍。新增外资企业 154 户，注册资本 94 亿元人民币，同比分别增长 2.58 倍和 0.76 倍。2015 年 4 月 21 日挂牌起至 2016 年 1 月 31 日，福建自贸试验区共新增内、外资企业 16201 户，注册资本 3189.16 亿元人民币，同比分别增长 4.78 倍和 8.53 倍。①

第二，福建自贸区建立后，驻区台资企业不断增加，闽台两岸经贸合作总体呈持续健康上升态势。

据统计，福建自贸区仅挂牌以来的 3 个月内，共新增台资企业 146 户，注册资本 23.54 亿元人民币，同比分别增长 80.25% 和 410%。其中，福州、厦门、平潭三个片区各新增 30

---

① 福建自由贸易区官方网站，http://www.fjftz.gov.cn/article/index/aid/3017.html。

户、39 户、77 户台资企业，新增台资企业注册资本分别为 2.71
亿元、9.71 亿元和 11.12 亿元，同比分别增加 2.7 倍、17.4 倍
和 1.7 倍。从产业分布看，第一产业 3 户、第二产业 8 户、第三
产业 135 户。①

第三，福建自贸区各项优惠政策正逐步到位，工作逐步走
向正轨。

福建自由贸易试验区自挂牌以来，不仅中央政府陆续出台
了一系列的支持政策，福建省也不断提出本省的扶持政策，各
种利好政策不断。从国家层面来看，包括国务院、中国人民银
行、商务部、海关总署、国家工商总局、中国银监会、国家旅
游局在内的中央各部委相继出台发布了许多支持政策，如国务
院关于实行市场准入负面清单制度的意见、中国人民银行关于
金融支持中国（福建）自由贸易试验区建设的指导意见、商务
部关于支持自由贸易试验区创新发展的意见、工商总局关于支
持中国（福建）自由贸易试验区建设的若干意见、海关总署关
于支持和促进中国（福建）自由贸易试验区建设发展的若干措
施等。从地方层面来看，包括福建省政府、省商务厅、省教育
厅、省住房和城乡建设厅、省人力资源和社会保障厅在内的各
省级单位陆续出台了文件，助力福建自由贸易区的发展。

## 二　福建自由贸易区建设中的问题

福建自贸区建设自正式挂牌后在中央和福建各级政府的领
导下有序推进且已取得初步的成绩，但仍有许多难题亟待破解。

第一，从管理体制上看，福建自贸区采取面向台海、以
"海丝"为新载体的发展思路，采取"一区三片"的管理模式，

---

① 福建自由贸易区官方网站，http：//www.fjftz.gov.cn/article/in-
dex/aid/1359.html。

但由于客观上"一区三片"的空间覆盖范围非常广大，在管理和协调上必然存在很多困难，各片区分属不同的行政区域管辖必然存在地方利益的矛盾和冲突。比如，根据2015年制定的福建自贸区产业发展规划的要求，厦门片区要重点发展跨境电子商务，但福建省商务厅却在2015年9月发布的关于支持福州、平潭开展跨境电子商务保税进口试点十二条措施的通知中将开展跨境电子商务保税进口试点业务交由福州和平潭进行，迫使厦门片区许多驻区电商不得不将企业陆续外迁。此外，三个片区的经济发展水平不一，福州和厦门经济发展水平相对较高，而平潭经济基础相对薄弱，在增速还是增量问题上必然会出现巨大差异。自贸区管理机构也急需进一步完善，管理人员尚未完全到位，熟悉自贸区管理模式的人员极度短缺。如何在现有条件下，对福建自贸区管理体制进行梳理和整合，将是自贸区管理者面临的首要问题。

第二，海峡对岸自由经济示范区对福建自贸区的辐射和联动效应仍然很有限，两岸合作关系尚无重大突破。2013年3月，台湾当局正式出台了《台湾自由经济示范区规划方案》，全面实施以负面清单制度为核心的自由经济政策并在原有自由港的基础上逐步扩围成"六海一空一区"，即基隆、苏澳、台北、台中、高雄、台南县安平港、桃园机场和屏东农业生技园区。然而，日趋成熟的台湾自由经济示范区除吸收了部分福建资金外并没有对闽台贸易格局产生根本性的影响，与区外联动机制还未真正建立，对外辐射功能也远未形成。加上福建自贸区提出对台单方面开放举措，需待ECFA协议实施，由于《服贸协议》未获通过，两岸开放服务贸易进程被迫搁置。加之台湾民进党即将上台执政，也给闽台两岸经贸合作蒙上了一层阴影。

第三，客观上说，国家部委相关职能部门在对福建自贸区建设进行帮助和指导时还存在一定的认识误区，远远跟不上福建地方需求，导致各部委、各委办之间难以统一意见和达成共识，客观上给福建自贸区建设带来了一定的阻力。同时，中央对各自贸区建设的政策不统一，也给福建自贸区建设带来了很多困扰，如天津自贸区可以就经营性租赁收取外币租金政策进行试点，而福建自贸区厦门片区开展航空经营性租赁业务却无法享有同等优惠政策。

第四，土地资源严重不足，也制约了福建自贸区的发展空间。由于福州、厦门两地大片土地已用于商业房产开发，土地资源越发稀缺，严重影响了自贸区的扩大和扩建工作。

# 三　政策建议

作为对台经贸合作的重要合作平台和"海丝"的重要一环，福建自贸区必须根据自身条件大胆创新，力求在模式、监管制度、贸易投资促进和产业转型升级等方面实现转型和创新。

第一，福建自由贸易区的建设应结合自身特点，创建适合中国国情的发展模式，不应照搬其他经济体自贸区模式。

台湾自由经济示范区建设采取的是"一区多园"的发展模式，主要制度是负面清单制度。福建采取的是"一区三片"的协同发展模式，虽然国务院也发布了关于实行市场准入负面清单制度的意见，但福建自贸区的发展核心应以制度创新进而驱动产业创新为主要发展趋势，目的在于构建全新的开放型经济和贸易体制，为进一步建立两岸经济协同经贸圈和为"海丝"战略服务。为进一步实现与"海丝"战略的对接，福建自贸区三大片区之间应在功能上进行进一步整合，剔除重合和重复发展的选项，进行精密的分工协作，形成内部开放式的区域生态系统，以投资为主导、以贸易合作为突破，进一步推进贸易便利化进程，实现与国家海丝战略的全面对接。

第二，在自贸区建设过程中，福建自贸区可以进一步借鉴其他自贸区成功的经验。

根据国务院批复的三个自贸区总体方案，三个自贸区在区域布局划分上存在一定的重合性，均布局了航运物流、金融创新、高端制造、高新技术等领域。例如天津自贸区滨海新区中心商务片区重点发展以金融创新为主的现代服务业；广东自贸区深圳前海蛇口片区重点发展金融等战略性新型服务业，建设我国金融业对外开放试验示范窗口。

福建自贸区可以借鉴上海自贸区建设中贸易便利化、投资自由化和金融国际化的发展理念，学习其以贸易便利化为核心的外贸监管制度、以负面清单制度为核心的投资管理制度和以资本项目可兑换为目标的金融创新体系，充分建立事前论证、事中监管、事后评估三个层次的与国际规范接轨的、高效管理体制。具体到各个片区来说，福州作为政治、经济、文化中心和高新技术产业基地，要以两岸经贸合作为核心，发挥福州独特的对台优势，加强在对台投资、贸易、航空、金融、旅游、农业等方面先行先试；厦门作为现代服务业、科技创新中心和国际航运中心，要在吸引台资和对台投资方面加大制度创新；平潭综合实验区则是两岸交流合作和对外开放中的先行区。要加强港口间的分工与合作，福州要加快发展罗源湾大型散货泊位，推动大宗散货中转业务发展，同时加快江阴专业化现代化集装箱和整车物流进口港区的建设。

第三，加快体制机制创新，促进政府职能转变。

为进一步适应福建自贸区发展的需要，各级地方政府的职能应从过去"重审批、轻监管"的管理模式向"轻审批、重监管"的管理模式方向转变，最大限度减少目前各种不合理的审批条件，充分激发各种市场主体活力，让市场机制发挥主导作用。继续简政放权，简化各种审批手续，力争建立起"一次申报、一次查验、一次放行"的监管体系和进出口贸易"单一窗口"服务平台，在适当时机实现由申报制向备案制的转变，进而实现由"管货物"向"管企业"的方向转变。

在金融管理体制方面，要进一步实行更为开放的金融制度，争取尽快建立离岸金融中心，设立股权交易所和外汇综合交易市场。在投资便利化方面，要进一步推行自由登记制度，推进"先照后证"的登记制度改革。在海关通关便利化方面，准许进出口货物"先入区、后报关"，应尽快实现自贸区海关全年无休、24 小时有人值守及 24 小时快速通关。

第四，加强中央各部委之间以及各部委与福建各级地方政府之间的沟通，争取尽快实行"先行先试"政策。中央政府应尽快成立福建自贸区工作领导小组，负责协调各部委办之间的联系和协调。同时将部分归中央各部委办掌握的审批权下放福建地方。

第五，加快信息化平台建设步伐和人才建设工作。

首先应尽快选拔一批业务能力强的干部充实到福建自贸区各片区管理机关中。其次，应尽快搭建招揽人才特别是"海丝"沿线国家人才的招聘平台并为其提供一站式服务。此外，福建全省应形成统一的自贸区平台建设整体方案，加快自贸区口岸公共信息平台、网上申报平台、综合监管平台、信用征信平台、跨境电子商务平台的建设。

第六，重视文化建设，打造妈祖文化圣地。

妈祖文化是海洋文化的一个重要组成部分，妈祖是海上丝绸之路的文化使者。当前对妈祖文化的挖掘、传承、保护工作的力度要进一步加强，要更好地体现妈祖的特点或特色。建议依托福建省社会科学研究基地——妈祖文化研究中心和省级"2011 协同创新中心"——妈祖文化传承与发展等平台，整合资源，加强对妈祖文化的研究，深入挖掘妈祖文化内涵，打造妈祖文化圣地。借力妈祖文化，发挥侨乡及对台优势，打造"海丝"核心区和"网上自贸区"，积极主动融入"自贸区"建设和"一带一路"建设，加强与海上丝绸之路沿线国家、地区的妈祖文化交流，把妈祖文化传播到"海丝"沿线各国，把妈祖立德、行善、大爱的精神发扬光大，拉近与"海丝"沿线国家人民间的距离。

第七，加强对海丝沿线国家自贸区的了解和研究工作。

尽快组织由福建各界专业人士参与的福建自贸区建设与"一带一路"战略对接的政策咨询会和专家小组，对"海丝"沿线国家的自贸区发展现状、自贸区规划、监管模式、自贸区管理制度等进行实地的调研，推动与"海丝"沿线国家自贸区管理机构的联系和沟通。

# 第四章　中国福建省与印度尼西亚的经济合作

中国福建省与印度尼西亚隔海相望。历史上两地经贸往来十分密切，两地人文交流方兴未艾。在"21世纪海上丝绸之路"和"全球海洋支点"对接的背景下，福建与印尼的经济合作具有广阔的发展前景。

## 一　印尼新政府对经济合作的强大需求

### （一）佐科政府的刺激经济计划与吸引投资政策

佐科承诺政府将不断简政放权，清扫经济发展的障碍，通过放松贸易和投资管制，持续改善印尼经商环境，并加大力度建设港口、铁路、仓储等基础设施，为经济发展打造良好的硬件支撑。

1. 刺激经济计划

自2015年9月9日推出第一套刺激经济计划以来到2016年3月，印尼政府陆续出台了十一期刺激经济计划，每个计划包含两至三个措施，各有侧重且互相关联。主要内容归纳如下：第一期计划着重推动宏观经济发展，修订134项阻碍经济发展的条规法例，改革官僚繁文缛节，确立投资营商的法律明确性，稳定财政金融市场；推动提高国内产业竞争力，加速发展国家战略项目，提高房地产投资。第二期计划主要简化和加快投资营商许可证签批程序及申请税务减免/优惠程序；简化各种行政手续，提高国内外投资落实率。第三期计划主要调低油气电费，降低厂商生产成本，简化土地证手续。第四期计划改革工资调整制度，改善劳资关系，以及简化民间企业、微小中企业信贷手续和降低贷款利息，推动"人民经济"，推动出口。第五期计划是为进行资产重估的企业削减所得税，取消房地产业、建筑业和基础设施行业双重征税。第六期计划鼓励企业资本重估，撤销房地产投资双重征税；为特区和水资源工业提供税务补贴，简化食品加工业和药品原材料进口许可证手续。第七期计划是关于推动劳力密集型工业发展。第八期计划是加速炼油厂建设，向飞机维修工业提供税务补贴。[①] 第八期促进经济增长配套政策内容为：（1）允许私人企业投资炼油厂。以前可建设炼油厂的公司仅北塔米纳国油公司或者北塔米纳与私人合伙公司，但现在私人企业就有机会在印尼投资兴建炼油厂。（2）飞机零部件免缴进口税。对飞机零部件进口实施零进口税（以前是5%—15%），航空公司所订的飞机零部件将能更快抵达，不再需要推荐书一类的繁文缛节程序。（3）加速实行地图绘制政策。这一措施即制作1∶50000的统一标准地图，防止重叠的土地使用阻碍经济与建设活动，特别是投资。[②]

印尼政府于2016年1月27日晚间公布了第九期促进经济增长配套措施，有三项重要内容：（1）关于推动电力供应基础设施的措施；（2）关于稳定牛肉价格的措施；（3）关于提高城市与乡村之间物流供应的措施。2月11日政府又公布第十期促进经济增长配套措施，主要内容为投资家所期待的新的投资负面表，其中允许外国投资家完全掌控或者100%持有35种行业的

---

① 中国驻印尼大使馆经济商务参赞处，http：//id. mofcom. gov. cn/article/。

② 《印尼商报》，http：//www. shangbaoindonesia. com/。

股权，希望通过发展微型中小企业创造更多就业机会。3 月 30
日公布第十一期促进经济增长配套措施：（1）为中小微企业提
供出口融资贷款，提升其生产和外销能力；（2）启动房地产投
资基金，并把房地产销售税从 5% 降为 0.5%，把申请土地和建
筑物使用权费及所得税从 5% 降为 1%，用于 2015—2019 年国家
中期经济发展纲领有关加速房屋及相关基础设施建设规划的实
施；（3）实行港口单一风险管理制度，到 2016 年底将货物平均
滞港时间从 4.7 天缩减为 3.5 天，至 2017 年缩减为 3 天以下，
使物流更加畅通；（4）加速发展制药业与医疗保健器材产业，
保障药物与医保器材供应，提供合理的惠民药价和安全的医保
设施。①

　　2. 吸引投资政策

　　印尼政府多次出台的各种政策中包括提高经济特区的投资
吸引力。政府 2015 年 11 月发布的第六期促进经济增长配套措
施将对 8 个经济特区提供各项优惠政策，分别为：（1）所得税。
主要是免税期优惠：投资额超过 1 万亿盾的企业可享受为期
10—25 年的减税或者免税 20%—100% 优惠；投资额超过 0.5 万
亿盾的企业可享受 5—15 年的减税或者免税 20%—100% 优惠。
（2）增值税和奢侈品销售税的优惠，包括免税进口。从其他地
区购买商品或原材料进入经济特区可免税；从经济特区运至其
他地区也可免税；经济特区内企业之间的交易可免税，经济特
区企业与另外的经济特区企业的交易也可免税。（3）海关。从
经济特区进入国内市场的进口税按照原产地证书（SKA）的规
定。（4）外籍人士的房地产。外国公民或外国企业可以在经济
特区拥有公寓或房地产；拥有公寓或房地产的外国公民或外国
企业，可以通过经济特区管理机构的保证获得居留证；其所拥
有的奢侈品可获得免除增值税、奢侈品销售税。（5）旅游业。

---

① 《印尼商报》，http：//www. shangbaoindonesia. com/。

可以获得削减 50%—100% 的第一期建设税；可以获得削减 50%—100% 的娱乐税。（6）劳动力。经济特区将成立工资委员会，以及成立由政府、雇主和雇员组成的合作机构；每一个企业只有一个工会或工人论坛；经济特区有权直接发出和延长使用外国员工的计划书；可在经济特区延长外国员工居留时间。（7）移民。可获得为期 30 天的首次访问签证，并可连续延长 5 次每次 30 天的时间；可以获得为期 1 年的多次访问签证；在经济特区拥有房地产的外籍人士可以获得居留证；在旅游业经济特区的外籍老年人可以获得居留证。（8）土地。通过经济特区私营企业的建议，可以获得有关建筑物使用权，并可持续延长；经济特区行政组织可以直接为业者提供土地方面的服务。（9）许可证。经济特区管理人可以直接发出原则许可证和营业证书；从开始申请直至发出许可证的时间最久为 3 个小时；将提供许可证方面和非许可证方面的服务列表；可以通过经济特区管理员申请处理许可证方面和非许可证方面的服务。

2016 年 3 月，佐科总统在雅加达北区 Cipta Krida Bahari 工业区宣布正式启用全国 11 个保税物流中心（PLB）。印尼目前的物流成本占 GDP 约 23%，政府迫切希望将来能大幅降低物流成本。而东盟地区 45% 的国民生产总值与消费市场集中在印尼，如今印尼有了众多物流中心，政府希望东盟各国企业能在这些物流中心设立仓库，推动印尼成为东盟的物流中心。上述 11 个保税物流中心将获得印尼政府提供的各项支持和便利，并成为国内外生产原材料、进出口商品的仓库，以及生产保税区。

4 月初，佐科签署了 2016 年第 6 号政府条例，批准以海滩和海底美景闻名的邦加勿里洞省勿里洞县 Sijuk 镇丹绒格拉洋（Tanjung Kelayang）为新的经济特区。政府指令该区在 3 年内必须兴建支撑旅游业的基础设施，印尼经济特区全国委员会每年将对丹绒格拉洋进行评估。佐科总统前些时候在局部内阁会议上，要求有关部门加强经济特区发展力度，以吸引投资，创造就业机会，刺激经济增长。此前，印尼政府已批准成立了 8 个经济特区，分别是北苏门答腊省塞芒吉（Sei Mangke）、东加里曼丹省马雷（Maloy Batuta）、中苏拉威西省巴鲁（Palu）、北马鲁古省摩罗泰（Morotai）、南苏门答腊省丹绒阿比阿比（Tanjung Api-Api）、万丹省丹绒勒松（Tanjung Lesung）、西努沙登加拉省曼达利卡（Mandalika）、北苏拉威西省比通（Bitung）。①

3. 2016 年政府工作重点与施政纲领

佐科总统强调国家发展策略必须有明确方向，包括投资策略和劳工策略，投资策略首要是基础设施，接着是劳动密集型产业，因为在印尼 750 万失业人口中 60% 是小学、初级中学和中等专业学校毕业生。

2015 年 11 月，佐科总统在全体内阁会议上主要确定政府 2016 年的工作计划，希望各个部门领导人在制订下一年度工作计划时要特别重视以下五大重点工作，分别为：（1）推动国民经济发展；（2）创造更多就业机会；（3）减低贫穷人口比率；（4）有力控制通货膨胀率；（5）消除贫富差距。最终达到新政府提出的九项主要施政纲领（Nawa Cita）各项目标。九项主要施政纲领分别是：（1）坚持独立自主的积极外交政策，建设民主国家；（2）建立民主诚信的官僚机制；（3）提高边远和落后地区的经济发展水平；（4）严打贪污腐败，树立严明的法制；（5）推行 12 年义务教育，改进人民卫生，提高人民福利；（6）促进国内经济发展水平和质量，提高国际竞争力；（7）发挥国内市场潜能，推动经济可持续性发展，实现粮食和能源等自给自足；（8）保持多元民族文化特色，提高文化和科技水平；（9）通过族群和社群之间的对话，建立和加强融洽的社会关系，

① 中国驻印尼大使馆经济商务参赞处，http：//id. mofcom. gov. cn/article/。

从而实现殊途同归的多元社会理念。①

### （二）印尼的贸易投资环境优势

印尼的整体贸易投资环境具有以下主要优势：人口众多、市场潜力大、劳动力廉价；海岸线长、控制众多海上交通枢纽；对外开放程度较高，金融市场稳定；自然资源丰富等。特别是新任总统佐科上任以来，重视加强基础设施建设，强调消除贫困，加大引进外资，增加就业机会，进一步改善投资环境。目前在印尼参与投资的中国企业越来越多，投资领域涉及农业、渔业、林业等第一产业，机械、交通、矿产、能源等第二产业，以及金融、通信等第三产业，范围甚广。尤其是中国企业在印尼参与了许多基础设施建设，开展了包括泗马大桥、风港电站和加蒂格迪大坝等多个项目。能源领域更是近年来中印（尼）合作新的增长点。随着中国对外能源需求的日益增加，以及中国加快实施能源多元化战略，印尼因拥有众多的矿产资源（石油、天然气、铁、锡、铜、铝等），成为中国能源来源地的重要选择之一。未来中印（尼）将进一步加强能源领域的合作。印尼新政府还计划在各地兴建 24 个港口，而且由于苏岛、加里曼丹、苏拉威西和其他地方还缺少电力，计划建设几座发电站。

## 二 福建拥有强大的合作潜力

福建省是我国东部沿海的经济大省，也是中国"海上丝绸之路"的重要起点和发祥地。目前，在聚居东南亚的 2000 多万华侨华人当中祖籍福建的有 1000 多万。福建与印尼等"海上丝绸之路"沿线国家历史渊源深厚，人文优势突出，合作基础扎

---

① 中国驻印尼大使馆经济商务参赞处，http：//id. mofcom. gov. cn/article/。

实。福建也具有一些优势产业，如轮船制造相关行业及纺织等劳动密集型产业，工业基础较雄厚，可与印尼形成优势互补。

从投资目的地来看，东盟已是福建第二大对外投资目的地。近年来，福建主动融入国家"一带一路"战略，加快推进"21世纪海上丝绸之路"建设，也拉动对外投资的增长。

目前，福建推动企业"走出去"，引导、支持符合条件的企业赴"海上丝绸之路"沿线国家设立经贸合作区，已有福建泛华集团在印尼设立中印尼经贸合作区等。福建省表示，加强与"一带一路"沿线国家（地区）的合作，支持本省企业"走出去"扩大境外投资，支持企业在"海上丝绸之路"沿线国家开展渔业养殖合作，在"海上丝绸之路"沿线国家合作建设经济合作产业园，实现互利共赢。

福建与印尼经贸往来日益密切。2014 年印尼是福建在东盟的第一大进口来源地、第三大贸易伙伴、第六大出口市场。印尼的矿产品、化学工业品、橡胶等都是福建发展必不可少的重要资源。2014 年福建与印尼进出口贸易总额为 47 亿美元，其中福建从印尼进口 26.67 亿美元。截至 2015 年 7 月，印尼在福建的投资项目已有 273 个、实际到资 5.3 亿美元。目前，福建到印尼投资的备案企业有 56 家、投资额 13.74 亿美元，其中福建吴钢集团、福建平潭远洋渔业集团等企业在印尼的投资都超过了 1亿美元，中国武夷实业股份有限公司 2015 年 6 月与印尼签订了工业园建设等多个领域的合作协议。2015 年 9 月 10 日，由福建省政府主办的"中国福建—印尼经贸推介会"在雅加达举行，介绍福建的发展情况和营商环境，以求加强与印尼的投资贸易合作，促进互利共赢、共同发展。

以泉州市为例。泉州市是福建省的经济大市，经济总量连续 16 年位居福建省首位。泉州是福建的人口大市，是"海丝"起点、文化名城、民办特区和著名侨乡。

国家提出"一带一路"战略以来，泉州市立足于产业集群、贸易基础、文化积淀、华侨资源、港口潜力、企业人才等六大优势，提出建设"21世纪海上丝绸之路先行区"的总体方案，力争将泉州打造成中国进一步融入经济全球化的载体和深化"海丝"文化交流的窗口，成为中国转变外经贸发展方式的实验区、海洋经济发展及带动产业转型升级的先行区、国际多元文化交流的示范区。

围绕这一目标，泉州市主动谋划、先行作为、以干促成，努力在国家"一带一路"战略和福建"海丝"核心区建设中彰显泉州的地位。国家"一带一路"战略规划写入支持泉州建设"海丝"先行区，并将泉州纳入"一带一路"战略支点城市，国家发改委、外交部、商务部发布的《推动共建丝绸之路经济带和21世纪海上丝绸之路的愿景与行动》提出加强泉州港口建设。

泉州建设"21世纪海上丝绸之路先行区"行动方案在以下四个方面取得了一定成效：

一是制定了《泉州市建设21世纪海上丝绸之路先行区行动方案》。提出支撑泉州"海丝"先行区建设的"十大行动计划"，即泉州港口复兴行动计划、双向投资贸易行动计划、发挥侨力携手共赢行动计划、阿拉伯新走廊拓展行动计划、绿色制造提升行动计划、金融创新行动计划、复制推广自贸区建设新经验行动计划、现代海洋城市建设行动计划、国际文化旅游合作行动计划、人才培养引进和人员往来行动计划。

二是推进"十大重点工程"。提出重点推进"21世纪海上丝绸之路"国际枢纽港工程，"海上丝路"自贸区建设工程，金融服务"海上丝路"建设工程，"古城复兴"建设工程，一湾两江景观带整治提升工程，"一带一路"国际论坛工程，中国"海上丝绸之路"国际文化交流展示中心建设工程，"21世纪海上丝绸之路"民商、侨商大会筹办工程，"海上丝路"友好交流平台建设工程，"21世纪海上丝绸之路"人才培养工程，并筛选生成配套项目 200 个，为"十大行动计划"提供建设的项目支撑。

三是先行启动了一批交流合作的早期收获项目。先后主办了"海上丝绸之路经济论坛暨华文媒体万里行"、首届中阿城市论坛、首届"海上丝绸之路国际艺术节"、首届"海上丝绸之路国际品牌博览会"、"21 世纪海上丝绸之路国际研讨会"、"海陆丝绸之路城市联盟"筹备会暨联合国海陆丝绸之路项目说明会等一系列活动。泉州还加强与陆上丝绸之路起点城市西安市的互动，增进交流与合作。2015 年 6 月下旬，泉州市赴马来西亚等东南亚国家承办"中国福建周"系列活动，开展经贸交流，宣传推介泉州建设"21 世纪海上丝绸之路先行区"有关情况以及泉州市投资环境、优势产业和重点招商项目、深厚的文化底蕴、丰富的旅游资源，并组织一批有实力有意向"走出去"的企业考察洽谈对接设立境外产业园区事宜。

四是泉州开放型经济发展取得新成效。泉州将推动外经贸发展方式转变，提升、打造开放型经济新格局作为建设"21 世纪海上丝绸之路先行区"的重要工作。泉州大力拓展"海丝"沿线国家和地区市场，2014 年共组织 256 家企业参加 16 场"海丝"沿线国家和地区展会。泉州稳步提升双向投资水平。"海丝"沿线国家是泉州利用外资和对外投资的主要地区，东盟十国是仅次于中国香港地区的泉州第二大利用外资来源地。泉州企业还充分利用丰富的侨亲资源开展境外投资。截至 2015 年 6 月，"海丝"沿线国家累计来泉州投资设立企业 1680 家，实际利用外资额 23.8 亿美元，分别占全市总量的 12.9% 和 10%。泉州有 34 家企业赴"海丝"沿线国家投资，投资总额 2.65 亿美元。泉州市积极推动企业开展国际化经营，鼓励龙头企业整合国外品牌、技术和营销资源，大力推进企业赴海外上市，提升泉州品牌的国际化水平。

泉州的主要贸易伙伴有沙特阿拉伯、南非、中国台湾、东盟、欧盟和美国；主要进口来源地为沙特阿拉伯、南非、中国台湾和东盟，主要出口地为欧盟、东盟和美国。

从泉州市与印尼的双向投资来看，截至 2015 年 6 月，全市引进印尼投资企业 53 家，投资总额 1.55 亿美元，合同外资 1.15 亿美元。泉州赴印尼投资企业 5 家，投资总额 203 万美元，主要投资工贸企业。[①]

## 三　对策与建议

随着全面战略伙伴的升级，中印尼两国关系将进一步加深，除了经济领域外，双边合作将延伸至政治合作、安全互信等方面。中国与印尼发展战略的契合对两国来说是一个极好的商机，同时也能进一步加深两国友好来往。福建不仅本身拥有强大的实力，还背靠中国广阔的资源、市场和雄厚的技术力量、资金等，完全有能力进一步提升和深化与印尼的经贸合作。

1. 扩大和提升渔业合作。随着中国人口的不断增长、消费水平的逐渐提升以及食品加工业的快速发展，对海洋渔业产品的需求将不断扩大，预计印尼渔业产品（主要包括螃蟹、石斑鱼、鱿鱼、章鱼、红鱼、带鱼、海藻、金枪鱼等）的对华出口会逐年增加，出口量有望超过印尼最大出口地区欧洲。此外，中印（尼）渔业合作有着十多年历史，印尼是目前中国远洋渔船最多、产量最高、效益也较好的国家，共同开发渔业资源成了近年来两国经济合作的重点领域之一。厦门已经筹建了十几条远洋渔业船队，在印尼海域进行深海黄鱼、白带鱼、石斑鱼等海产品的捕捞工作。目前中印尼两国强调发展"蓝色海洋经济"，印尼作为福建的海上近邻和中国重要的水产品贸易伙伴、

---

①　参见泉州市商务局《泉州市海丝先行区建设及对外经贸情况概况》，2015 年 7 月。

远洋渔业发展基地，再加上中国与印尼已签署《渔业合作协定》，两国加强渔业合作大有可为，福建与印尼可加强和扩大在海洋渔业捕捞、水产加工技术交流、海洋生物资源开发与养护、联合考察或培训活动以及水产品加工、贸易、投资等方面的合作。福建可以单独或联合其他省份在印尼投资建立渔港和渔业养殖基地、水产品加工厂，共同进行渔业资源的联合开发。

2. 参与开发印尼内海航运及相关产业。印尼岛际的货物运输均采用船舶。一方面，随着印尼经济水平的提升，各种原材料、生活物资、工业产品的需求量大幅增长，加大了印尼岛际运输需求量的增长。另一方面，印尼内海和远洋运输公司船只设备和技术落后、相关专业人员缺乏、效率低下，航运供需缺口加剧。印尼内海航运业发展潜力巨大，为印尼内海航运业带来了发展机遇。印尼规定外资与印尼企业合资成立公司才能获得内海航运业营运资格。中国与印尼航运业已合作多年，具有进一步扩大和提升航运合作的良好基础。福建企业应抓住印尼加强内海航运及相关产业的良好机遇，利用本省（或联合外省份）的船只、生产设备、技术、人员以及资金开拓印尼内海航运市场，并参与印尼的船舶修造，推动印尼船只的更新换代，以利于加强和提升印尼的渔业捕捞能力和远洋运输能力，降低运输成本。此外，印尼还需更新港口设备，建设新码头，提高港口吞吐能力，福建企业可在印尼承揽港口疏浚、码头建设等工程项目，参与印尼的港口基础设施建设。

3. 加强海洋生态环境保护合作。随着陆地资源的逐渐枯竭，开发和合理利用海洋成为必然趋势，人类能够从海洋获得更多的资源，进一步推动经济社会的发展，扩大自身的生存空间。21世纪是人类的海洋世纪，海洋的开发利用成为新一轮产业革命的重点领域，海洋经济合作也将是今后中国与印尼经济合作的重点领域之一。中国与印尼均为海洋大国，双方应加强在海洋生态环境保护方面的合作。中国渔民近海捕捞过度，造成渔业资源的衰竭，沿海省份围填海规模又不断扩大，海洋生态环境遭到严重破坏，恶性循环加剧。中国和印尼都是重要的临海大国，在海洋资源和生态保护领域有许多共同关注的话题。为了推动两国海洋经济合作开发、共同利用的健康、持续发展，福建和印尼应加强海洋生态环境保护方面的合作，在海洋生物多样性与生态保护、海洋资源与生态系统管理、海洋环境监测等领域开展合作和交流，包括联合调查研究、技术培训、提供船只及后勤保障服务、共同监测与应对等。

4. 推动海洋旅游业合作。海洋旅游业是近年来发展海洋产业的一个新方向。中国是印尼的第四大旅游客源国，巴厘岛等旅游景点成为中国游客耳熟能详的度假之选。中国政府已决定在巴厘岛设立中国总领事馆，印尼计划提高和中国主要城市之间的直飞航班频率，这将进一步促进两国人民之间的来往和旅游业的发展。福建和印尼可以在旅游领域加强合作，联合推广旅游资源，共享旅游相关信息，改进旅游便利化措施，扩大对旅游产业的投资等。

5. 加强基础设施领域的合作。印尼的基础设施相对落后，近几年来政府加大经济建设力度，把重点放在扩大基础设施建设上，该领域投资需求加大。鉴于印尼基础设施建设发展的较大潜力，福建省应鼓励金融机构为基础设施建设项目提供融资便利和支持，福建企业也应该发挥各自的优势，承揽相关项目。

6. 扩大贸易和投资合作。中印尼两国在产业和产品结构上的互补性较强，中国主要向印尼出口机电产品等工业产品，从印尼主要进口农产品、初级产品等。福建企业应扩大出口中国的优势产品，如技术和资金密集型轻工业产品、重工业产品、深加工产品等，并加大力度从印尼进口优势产品，如食品、天然橡胶、棕榈油、热带水果、矿产、轻工产品、机械电子等。同时，福建应鼓励本省企业积极参与印尼的农林渔业、能源、矿产等方面的深度开发，并支持有实力的企业加大对印尼制造业、通信、交通等领域的投资，优势互补，互惠互利。

7. 深化能源贸易投资合作。能源合作是中印尼经贸合作新的增长点。印尼海洋面积 320 万平方公里，在资源方面具有较大优势，深水油气和超深水油气储量非常丰富，但缺乏勘探开发所需高端技术、装备以及巨额资金投入。中国则在能源工程项目的建设以及运行管理、能源设备制造、技术、资金等方面具备较强竞争力，拥有"海洋石油 981"的深水石油钻井平台等深海油气开发高端技术设备。中国的能源需求日益扩大，石油、铁矿、铝土矿、铜矿等油气矿产的对外依存度高，印尼是中国重要的能源合作伙伴，中印尼有很强的互补性，两国能源合作可促进双边的投资与贸易、生产与销售。福建应扩大能源贸易规模，使印尼为本省和中国提供长期稳定的能源供给；鼓励有实力的本省企业到印尼参与能源项目投资建设，并为此提供必要的政策优惠；鼓励印尼能源企业来华开展能源业务。双方应进一步拓展合作领域，在石油、天然气、煤炭、电力等领域进一步加强合作，如，加大资源勘探开发合作力度，延伸能源开发下游的产业链条，发展风能、生物质能等可再生能源，推进能源清洁利用，加强技术交流和人才培训等，还可共同开展第三国能源勘探开发以及中国南海海上油气开发等合作。

# 第五章　中国和印度尼西亚能源合作

印尼蕴藏着丰富的能源资源，是东南亚能源生产与消费大国。尽管印尼能源产业潜力巨大，但面临开发不足与投资乏力的困境。中国是能源进口大国，且能源进口增长趋势强劲。印尼能源战略地理位置重要，是中国进口油气资源的重要海洋通道。中国和印尼在能源领域存在着诸多共同利益，具有广阔的合作空间。中国加大对印尼能源开发力度，同印尼加强能源合作，对中国和印尼的长期发展至关重要。

## 一　印尼能源资源状况

印尼能源储量丰富，该国石油、天然气、煤炭、生物燃料、地热等资源储量可观。根据 2015 年 BP 世界能源统计数据，印尼石油探明储量为 5 亿吨（37 亿桶），占世界石油总探明储量的 0.2%；天然气探明储量为 2.9 万亿立方米，占世界天然气总探明储量的 1.5%；煤炭探明储量为 280.17 亿吨，占世界煤炭总探明储量的 3.1%。[①] 印尼是世界上最大的动力煤出口国和世界第二大煤炭净出口国。

---

[①]　BP，*BP Statistical Review of World Energy 2015*，June 2015，pp. 6，20，30.

表 5-1 印尼石油、天然气和煤炭的生产与消费状况

| 年份 | 石油（百万吨） | | 天然气（十亿立方米） | | 煤炭（百万吨油当量） | |
|---|---|---|---|---|---|---|
| | 生产 | 消费 | 生产 | 消费 | 生产 | 消费 |
| 2004 | 55.6 | 61.7 | 74.6 | 35.7 | 81.4 | 21.3 |
| 2005 | 53.7 | 60.7 | 75.1 | 35.9 | 93.9 | 24.4 |
| 2006 | 50.2 | 58.5 | 74.3 | 36.6 | 119.2 | 28.9 |
| 2007 | 47.8 | 60.9 | 71.5 | 34.1 | 133.4 | 36.2 |
| 2008 | 49.4 | 60.4 | 73.7 | 39.1 | 147.8 | 31.5 |
| 2009 | 48.4 | 61.6 | 76.9 | 41.5 | 157.6 | 33.2 |
| 2010 | 48.6 | 66.9 | 85.7 | 43.4 | 169.2 | 39.5 |
| 2011 | 46.3 | 72.0 | 81.5 | 42.1 | 217.3 | 46.9 |
| 2012 | 44.6 | 73.2 | 77.1 | 42.2 | 237.3 | 53.0 |
| 2013 | 42.7 | 73.1 | 72.1 | 36.5 | 276.2 | 57.6 |
| 2014 | 41.2 | 73.9 | 73.4 | 38.4 | 281.7 | 60.8 |

资料来源：BP, *BP Statistical Review of World Energy 2015*, June 2015.

在石油方面，印尼已从亚洲传统的石油出口大国变为纯石油进口国。它于 1962 年加入石油输出国组织（欧佩克），当时是欧佩克成员国中唯一的亚洲国家。在生产领域里，印尼国家石油公司和其他 5 家国际大型石油公司占据了该国国内石油产量 90% 以上的份额。[①] 此外，中石油、中海油也占有一定比例。在石油产品零售和分销方面，印尼国家石油公司保持着下游产业的主导地位，经营着国内 8 大炼油厂。印尼石油生产在 1976 年达到峰值并持续近 20 年。从 1995 年开始，印尼石油产量因油田设备老化且缺乏投资开始下降。由于石油勘探开发成果有限，印尼石油产量近年持续下降。

———————

① 它们分别是道达尔（30%）、埃克森美孚（17%）、维科石油（11%）、英国石油公司（6%）和雪佛龙（4%）。

2004—2014 年，印尼石油产量从 5560 万吨降至 4120 万吨，
而石油消费则从 6170 万吨增至 7390 万吨。（见表 5 – 1）然
而，由于国内炼油能力不足，印尼 30% —40% 的石油仍将出
口。印尼成品油产量仅能满足 70% 的国内需求，仍需进口成品
油。目前，印尼主要石油出口国和地区是日本、美国、韩国、
中国台湾和新加坡。

表 5 – 2　　　　　　　　　印尼天然气贸易状况　　　　　（十亿立方米）

| 年份 | 管道天然气出口 | 液化天然气出口 |
| --- | --- | --- |
| 2011 | 9.3 | 29.3 |
| 2012 | 10.2 | 24.8 |
| 2013 | 10.0 | 22.4 |
| 2014 | 9.5 | 21.7 |

资料来源：BP，*BP Statistical Review of World Energy 2012 – 2015* .

　　印尼天然气储量丰富，是亚洲最大的天然气生产国，也是
仅次于卡塔尔和马来西亚的世界第三大液化天然气出口国。在
生产领域，印尼国家石油公司和其他 5 家国际大型石油公司占
据了国内天然气产量 90% 以上的份额。就生产总量而言，
2004—2009 年，该国年天然气产量基本保持在 740 亿—760 亿
立方米。2010 年和 2011 年分别达到 857 亿和 815 亿立方米。
2012 年降至 771 亿立方米，2013 年和 2014 年进一步下滑至 721
亿和 734 亿立方米（见表 5 – 1）。印尼是天然气净出口国。
2011—2013 年，印尼管道天然气出口从 93 亿立方米增至 100 亿
立方米，而液化天然气出口从 293 亿立方米降至 224 亿立方米。
2014 年管道天然气和液化天然气出口量均出现下滑，分别为 95
亿立方米和 217 亿立方米（见表 5 – 2）。印尼管道天然气主要出
口至新加坡和马来西亚，液化天然气主要出口至日本、韩国、
中国和中国台湾。其中，日本是印尼液化天然气出口的主要市

场。2014 年，日本从印尼进口的液化天然气占印尼液化天然气出口总量的 36%。韩国、中国与中国台湾的进口份额也相对较大，分别占 33%、16% 和 13%。①

表 5 - 3  印尼生物燃料产量状况  （千吨油当量）

| 年份 | 生物燃料产量 |
|------|------------|
| 2005 | 9 |
| 2006 | 44 |
| 2007 | 216 |
| 2008 | 528 |
| 2009 | 464 |
| 2010 | 718 |
| 2011 | 1104 |
| 2012 | 1388 |
| 2013 | 1740 |
| 2014 | 2444 |

资料来源：BP, *BP Statistical Review of World Energy 2015*, June 2015.

印尼具有相当丰富的煤炭资源，集中分布在苏门答腊岛和加里曼丹岛。煤质好且开采成本低是印尼煤炭业的发展优势。印尼共有 164 家煤矿企业，其中包括 34 家煤炭开采合同制企业，129 家授权煤炭生产企业以及 1 家国营煤矿企业。2011 年，拥有煤矿开采权的 10 家企业煤炭产量占印尼煤炭总产量的 80%。② 就总产量而言，2004—2014 年，印尼煤炭产量从 8140 万吨油当量增至 2.817 亿吨油当量（见表 5 - 1）。同时，印尼加大煤炭出口。2005 年，印尼超过澳大利亚成为世界最大动力煤

① BP, *BP Statistical Review of World Energy* 2015, June 2015, p. 28.
② 阿达罗和卡尔蒂姆·普里马公司是印尼最大的两家煤炭企业，吉代阔·加压·阿贡公司和阿鲁特明公司是第三大和第四大煤炭生产商。

出口国。印尼煤炭产量的 2/3 出口至中国、印度、日本、中国台湾、中国香港和韩国，1/3 用于国内发电。

印尼可再生能源储量丰富。印尼是继美国和菲律宾之后的世界第三大利用地热能源的国家。印尼拥有世界 40% 的地热能源，但目前地热能源的利用率不高，仅开发了其中的 4.2%。除了丰富的地热资源外，该国的风电、太阳能及生物质能等也十分丰富。印尼生物燃料[①]产量和出口量较大，是世界第 7 大生物燃料生产国。2005—2014 年，印尼生物燃料产量从 9000 吨油当量增至 244.4 万吨油当量（见表 5 - 3）。

## 二  中国与印尼对双边能源合作的利益诉求

在分析中国与印尼对双边能源合作利益诉求前，我们有必要考察两国能源贸易结构的动态变化。中国经济的迅速发展为印尼能源提供了潜力巨大的出口市场。从中国与印尼的能源贸易结构看，印尼对中国的石油出口大幅下降，从 2001 年的 264.51 万吨降至 2012 年的 54.85 万吨。但其他能源产品的贸易量大幅增长。同期，成品油从 25.11 万吨增至 120.39 万吨，煤炭从 84.32 万吨增至 6831.22 万吨，褐煤增至 5028.9 万吨，天然气从 19.97 万吨增至 243.31 万吨。显然，尽管石油在中国与印尼能源贸易中的比重下降，但成品油、煤炭和天然气的比重却不断上升。印尼已成为中国最大的煤炭进口来源国。2011 年，

---

① 生物燃料是可再生能源，被誉为仅次于石油、煤炭、天然气的第四大能源。印尼目前主要生产两种生物燃料——生物柴油和生物乙醇。前者原料主要为棕榈原油、麻风树，后者原料为木薯、甘蔗。同时，印尼也在加大对第二代生物燃料的研发力度，以秸秆、甘蔗渣、稻壳等为原料生产非粮作物乙醇、纤维素乙醇等。印尼国内能源作物种类丰富，是世界第一大棕榈油生产国。目前发展生物燃料作物品种包括油棕榈、麻风树、椰子、木薯、甘蔗、甜高粱等。

从印尼进口煤炭占中国煤炭进口总量的比重达到 35.6%。如果考虑到印尼褐煤进口量，来自印尼的煤炭占中国进口煤炭总量的比重在 50% 左右。①

　　从印尼方面看，其对中国能源合作的利益诉求主要包括以下几个方面。首先是保证本国经济的持续繁荣，实现经济多元化发展。印尼是东南亚较大的经济体，近年来经济一直保持良好的发展趋势。但是印尼经济发展环境较为脆弱，易受外部冲击。保持本国经济持续繁荣发展是印尼长期努力的目标。由于能源贸易和合作是印尼经济发展的倚重领域，加强与国外的能源合作是印尼政府重点要考虑的。

　　其次是借助外来资本和技术，完善本国的能源基础设施，实现能源的有效开发和利用。尽管能源相对富足，但由于基础设施落后，印尼很多地区无法供电。而印尼基础设施落后使得外来资本不愿进入印尼，这严重阻碍了印尼的经济发展。改善本国能源基础设施的落后状况已成为印尼亟待解决的发展瓶颈。通过加强与国外合作，特别是能源合作，改善本国落后的基础设施状况已经迫在眉睫。

　　最后是借助双方能源合作，进一步提高传统能源的勘探和开发水平，提高能源使用的高效性，缓解印尼本国石油供不应求的现状。印尼长期严重依赖石油的能源消费结构模式加剧了印尼的能源供应紧张局面，而且燃油补贴政策的长期存在导致印尼政府财政负担重。由于印尼在石油勘探开发方面收效甚微，为缓解本国能源困境，印尼通过国际合作加强勘探和开发，同时着手与各国开展能源技术合作，具体包括提高能效、节约资源、提升新能源开发利用。而中国已跃居成世界第一大能源生产国，且能源技术发展迅速，拥有充足

---

　　① 吴崇伯：《论中国与印尼的能源合作》，《学术前沿》2014 年第 4 期，第 89 页。

的资金和先进的装备制造能力。中国已经超过德国，成为仅次于美国的全球可再生能源投资第二大国。中国对印尼能源的投资除传统能源外还包括在清洁能源方面加深与印尼的合作。

对中国而言，与印尼开展能源合作是中国实现能源进口多元化来源的重要途径。中国在双方能源合作中的首要目标是保证来自印尼的能源供应稳定、能源价格合理。印尼出口到中国广东和福建的天然气和煤炭数量可观，一定程度上满足了中国南方省份的能源供给。其次是实现在能源领域投资资本的回报率，维护海外资本利益。中国大型国有能源公司、民间资本在印尼能源领域的投资非常积极，遍及石油勘探和开发领域以及和电力相关的各个领域，因此，在对印尼能源投资中保证资本回报率具有重要意义。再者，加强双方在新能源领域的开发合作、技术合作、经验交流等。印尼地热资源丰富，而且印尼在新能源，尤其是生物燃料方面经验丰富，迫于环境压力及能源消费革命的变革趋势，双方在新能源领域的合作是将来两国能源合作的重要内容。

此外，印尼横跨太平洋和印度洋，扼守国际海洋通道的要塞马六甲海峡，战略地位极其重要。而中国石油进口运输大多通过海运，马六甲海峡是中国从中东进口能源的"生命运输通道"，对中国能源供应具有直接的安全影响。印尼在马六甲海峡问题上一贯坚持由印尼、新加坡、马来西亚三国共同维护马六甲海峡的安全问题，即马六甲海峡安保问题需要国际合作，坚决反对美国等外部势力控制。中国可借对印尼能源合作契机，维护自己的能源运输通道安全。①

---

① 崔巧、朱新光：《相互依赖能源合作模式下的中印（尼）能源合作》，《东南亚南亚研究》2015年第2期，第46页。

# 三　对中国水电在印尼开发状况及问题的调研情况

中国与印尼具有电力合作的互补优势。印尼巨大的电力缺口带来对电力设备、工程设计等多方面的需求，中国能源企业在"走出去"战略的指导下积极参与印尼水电、光伏电厂的建设，通过投资、对外工程承包等方式进入印尼能源领域。以下，我们将以中国水电在印尼开发状况的具体案例为基础，分析中国与印尼能源合作的机遇与挑战。

## （一）中国水电在印尼的开发现状

目前，中国水电在印尼的在建项目共9个，其中完工4个。在建合同金额为16亿美元，已完工合同金额为5156万美元。在建9个项目包括佳蒂格德大坝、亚齐火电站、东加里曼丹火电站、白水水电站、庞卡兰苏苏火电站、魏桥铝业赤泥堆场项目、芝兰扎火电站混凝土系统、印尼PAKKAT水电站（2×6.3MW）土建及金属结构、佳蒂格德水电站。4个完工项目分别是佳蒂鲁霍大坝修复项目、中国—印尼友谊村项目、阿萨汉1号水电站厂房系统和芝兰扎火电站碎石桩工程。

就人力资源而言，中国水电在印尼人力资源总数为1989人，其中中国水电职工为400人。就分布而言，代表处28人，佳蒂格德大坝713人，亚齐火电525人，东加火电550人，白水90人，芝兰扎83人。

中国水电在印尼工程承包项目种类繁多，具体包括火电、燃气联合循环、常规水电/抽水蓄能、小水电、大坝及水利工程、机场快线、矿山开采、机场、防洪工程、港工和路桥、地产和度假村、输变电、工业园基础设施、地铁和高铁、供水和固废处理。

中国水电在印尼的优势是国有大型施工企业，且作为中央企业在中国业界有一定知名度。在中印友谊村、阿萨汉水电厂房标、佳蒂格德大坝、亚齐火电站等著名项目中执行较好，在印尼业主和业界积累了较好口碑。此外，中国水电业务领域范围广，水电、火电、基础设施、机场、供水、轨道交通项目都有业绩，并且具有自有施工单位支持。

中国水电在印尼市场开发的不足首先是较缺乏高端资源和高端营销人才。印尼是工程承包大国，工业门类、工程行业齐全，潜在项目多，需要集中优势资源猛攻。但成熟项目相对少，政府资金项目少，投融资项目多，需要早期介入"培育"。其次，业务范围和结构单一，目前中国在印尼的在建项目大多为火电、大坝水电站。再次，项目获取方式和渠道单一，主要靠代理提供信息，优买、买信和议标，少有竞争性投标项目。并且主要集中在政府招标项目，私人投资项目未大力开发。此外，与本土企业合作不密切，无常态化、相对稳定的沟通、合作机制，对代理依赖较严重。

### （二）印尼工程行业概况

从印尼政府行业部门和部委设置上看，能矿部下属的印尼国电公司（PLN）负责水电、火电、输变电和新能源。公共工程部下属的水利司和公路司负责大坝、供水、公路和桥梁。交通部下属的铁路司、空港和海港司负责轨道交通、海港码头和机场。

就国家发展规划而言，每年印尼以总统令形式发布政府工作计划。2007年2月议会颁布《2004—2025年国家长期发展规划》，2010年12月发布《首都经济圈发展规划》（MPA），2011年5月发布《2011—2025年加速和发展经济总规划》（MP3EI），2015年初颁布《2015—2019年国家中期发展规划》。这些规划和计划涉及各行各业，它们是印尼国民经济发展的依据；各行业对应部委负责编制自己行业的对应规划。私人企业界则根据市场需求发展项目、扩大生产，迎合政府规划的项目。就能源规划而言，印尼议会颁布《能源法》，2006 年 1 月以总统令形式颁布《2006—2025 年国家能源长期政策》，《2015—2019 年国家能源总计划》已颁布并获得议会批准。2013 年 2 月能矿部长签发《2012—2031 年国家电力总计划》（简称《国家电力总计划》），国电公司（PLN）总裁签发《2015—2024 年国电公司供电计划》（RUPTL，简称《国电公司供电计划》），其中，水电、燃煤发电、燃气发电、输变电等全部电力类项目来源几乎全部被纳入《国电公司供电计划》。私人企业界根据市场需求发展项目和扩大生产，迎合《国家电力总计划》精神的项目获得支持。其中《国电公司供电计划》尚未列出的项目也可自行开发。

就同行竞争而言，中国水电在印尼的主要对手来自日本、韩国、印尼等国。在火电领域，中国公司面对的外国公司竞争来自丸红、伊藤忠、POSCO、韩国东西电力、日本关西电力、西门子、Alstom、韩国 KOMIPO、Daelim、YTL；以及印尼公司 Adhi Karya、Rekin、WIKA、PP、Adaro。在水电领域，中国公司面对的竞争来自印尼公司 WIKA、PP、WASKITA、HK、BRADAS；以及韩国 Daelim、现代建设、POSCO、Lotte E&C。在基础设施方面，中国公司面对的竞争来自住友三井建设（SMCC）、清水（Shimizu）、东急（Tokyu）、大林组（Obayashi）、韩国水务（K-Water）、鹿岛建设（Kajima）、POSCO、Lotte E&C、Daelim；以及印尼公司 WIKA、PP、WASKITA、HK、BRADAS、JAYA Construksi、Adhi Karya、Rekin、Acset。

具体而言，日本积极布局日本—印尼能源战略，投资 2X1000MW 超临界燃煤电站，策划在 2020 年引进 IGCC 煤气化一体化联合循环电站（清洁煤技术），参与地热发电，利用 ODA 优势修建印尼首个地铁项目——雅加达地铁，兜售新干线高铁技术，推动南苏门答腊—爪哇岛海底电缆，策划东盟电网互联，参与各类政府和 NGO 的技术援助，修建各类日资企业的厂房和基础设施。韩国投资印尼最大的炼钢厂于 2013 年底投产（150 万吨/年），参与日资、韩资工业基础设施，和日本合作投资高等级燃煤电厂，从日本的项目分包工程，参与大型项目公开竞标。印尼国有企业在政府保护下也搞围标和"引进、消化、吸收、创新"（1000 万千瓦火电项目、高铁）。印尼政府对国有企业注资（定向增发股票），以总统令形式给予国企特许开发权。

中国工程承包公司在印尼面临的状态是前有围堵、后有追兵，时常自相残杀。几乎所有行业都面临印尼本土承包商的激烈竞争，其中火电竞争白热化。中国公司之间的激烈竞争集中在火电、路桥项目。日本公司存在感很强，与中国公司进行不对称竞争。根据 BBC 2013 年抽样调查，印尼被评为全球最亲日国家。日本政府通过与印尼的经济伙伴协定加大发展两国关系，其中包括高等级大容量的火电投资、JICA 贷款推动地铁、固废污水项目。

### （三）印尼市场的特殊性

作为人口大国和资源大国，印尼需求大、市场潜力大，机会多，开发模式多。同时由于是地区大国，印尼民族自豪感强、不服外部压力。但作为世界第三大民主国家，印尼国内党争、私有化导致决策复杂缓慢、效率低下。从国际形势看，印尼是大国必争之地，面临欧美、日韩围堵，本地企业追赶和中国企业内部竞争。印尼是日本传统势力范围，日本的影响力很深很广。印尼大型项目的决策者习惯于游走于日本、中国等国之间，两边打压，获取最大利益。印尼本土企业具有一定实力，印尼政府全力打造本国企业，对外国公司越来越排斥。

印尼民主制度下与土地私有有关的移民、征地、维权问题突出，决策和办事过程比较拖沓，水电、火电、轨道公路交通等相关项目开发周期长、成本高，诸多项目搁置。反贪频繁和力度大，有被政治化的倾向，与本地高官交往须谨慎，业主不敢轻易"承诺"。民主选举耗时费力，国家、省级选举周期不同步，造成人事不稳，决策停滞，赶上大选年，一年内政府项目几乎暂停。尽管印尼市场大、项目多，但成熟项目有限，需要早期长期运作、全程推动。

### （四）印尼"两优"的现状

中国金融机构潜力大，但软贷款方面面对多方挑战。首先，中国进出口银行推出的新模式和印尼政府的程序存在矛盾。印尼方流程慢，优买项目积压。中国进出口银行决定从"单一国别给予固定的贷款额度"改为"全球所有使用优买的国家给予总额度、先到先得"。印尼方则表示不同意。由于印尼财政部预算程序问题，在未确定专门对印尼的优买贷款额度之前，印尼政府不能按照优买方式进行立项和开展招标流程。

其次，印尼财政部和国家电力公司反对使用中国贷款和承包商建设电站项目。优买最大用户——印尼国电公司的风港火电站、一千万千瓦火电项目的执行情况不佳，这导致印尼财政部、国家电力公司等部门排斥中国承包商建设电站项目。2013年，印尼国家电力公司原先计划使用中国优买贷款的多个项目都被改成出口信贷项目和投资项目。

最后，由于优买推动时间较长以及印尼不适应中国优买采购流程，印尼公共工程部许多项目转向其他政府以及多边机构资金或使用自有预算建设。从 2011 年开始，优买另一大用户——印尼公共工程部已陆续将三个原先列入利用外国贷款建设项目清单（蓝皮书）中的大坝项目取消，改为使用当地政府预算建设。当地预算项目的招标要求几乎是为本土企业定制。公共工程部在未来五年规划了 49 个大坝项目（或增加大坝的配套发电系统）。如果中国政府的优买不能及时提供足够的资金支持，业主极有可能转向日韩和欧洲的政府贷款或使用自有资金。

### （五）印尼政府的融资创新

在融资创新方面，印尼政府鼓励和引导外国投资，能源电力类行业经常开展法人招标（IPP）。作为资源大国和人口大国，印尼不缺投资者。日本、韩国主要是以投资拉动技术、设备出口和工程承包，是能源和工业制造行业的热心投资者。中国三桶油长期投资石油化工上游设施。中国能源类、矿产类正在跟进。印尼大力推行 PPP 方式。针对一些私人界投资风险较大，但属于政府应提供公共产品的领域，印尼政府制定了详细的 PPP 参与流程。在 IMF 和日本政府支持下，投资设立了国家担保机构——IIGF，承担 PPP 项目下的业主违约、不可抗力等商业风险和政治风险。

就政府招标项目而言，印尼大力推动"无国家担保、无资产抵押"出口信贷，并将融资条件计入评标条件的两段式招标。2012 年底，芬兰 Wartsila 公司提供设备，由印尼国有公司 WIKA 承担 EPC 的燃机项目（PLTMG Arun 184MW）初次采用招标/融资模式并取得成功。中国水电投标的佳蒂格德水电站是第 4 个采用这种模式的公开招标项目。在燃机项目（PLTMG Arun 184MW）中（合同总金额约 1.5 亿美元），芬兰 Finnvera 提供信用担保，渣打银行提供约 1.3 亿贷款（其贷款利率是 2.1%，借款期 12 年）。这一融资条件大大优于商贷，接近于两优项目，但又较后者周期更短，且无政府担保，操作更简单透明。

由于政府资金不足无力开发，印尼政府在基础设施建设的 8 大重点领域推动 PPP，具体包括电力、交通（主要是轨道交通、港口、机场）、公路桥梁（主要是收费高速公路、跨海大桥）、供水、废物（固体、水）处理、灌溉、电信（特定项目）和油气（特定项目）。为推动 PPP 大力实施并协调利益相关方，财政部出资成立了 PT SMI 国有公司作为政府主管机构。SMI 下设 PII 公司，股东是 SMI、住友三井银行（SMBC）、亚洲开发银行（ADB）、世行国际金融公司（IFC）和德国投资开发公司（DEG）。针对 PPP 开发中的风险问题，又成立由印尼财政部出资的 IIFG 基金公司（注册资本金 10 亿美元）。该公司担保政治风险、政府（或发包人）违约风险、不可抗力风险等。目前，印尼首个 PPP 项目是日本伊藤忠和印尼 Adaro 联合投资的印尼首个百万千瓦级超超临界火电项目——印尼中爪哇 2X1000MW 燃煤电站，该项目融资已基本完成。

## 四 中国与印尼能源合作的挑战

印尼是人口大国、资源大国和地区大国。印尼不但是世界最大伊斯兰国家和第五大人口大国，还是 G20 成员国、东盟第一大经济体和全球第 15 大经济体，其人均 GDP 在东盟居第 5 位。在资源方面，印尼是全球第一大电煤输出国、第一大棕榈油输出国、第一大红土镍矿出产国、第一大地热藏量国、第四大液化天然气输出国、第四大铝土矿出产国、第五大产煤国、第五大锡矿出产国、第七大铜矿出产国、第 17 大天然气出产国和第 23 大石油出产国。

中国和印尼在能源领域存在诸多共同利益，两国既是能源生产大国，又是能源消费大国，对发展能源基础设施、保障能源安全、促进低碳新能源发展等有着共同需要，这正是双方合作的基础和动力。就合作成果和潜力来说，印尼能源储藏丰富，潜力巨大，为双方能源合作提供了坚实的前提基础，且其面临开发不足与投资乏力的困境也为中国的能源外交提供了良好契机。合作的有限性和不足主要涉及中国和印尼间复杂的政治经济关系及其他错综复杂的问题。①

首先，印尼自身能源供应不足，这已逐渐成为制约该国经济发展的瓶颈。在石油方面，由于石油蕴藏逐渐枯竭、国内消耗日益增加，印尼已成为石油净进口国。此外，印尼国内石油生产链条上国有企业垄断现象严重，未能消除外资企业的准入壁垒。② 印尼天然气开发利用存在的主要问题在于产源与市场之间的距离过长，管线传输的基础设施建设不足。印尼主要天然气市场位于经济活动中心的爪哇岛上，将天然气运送到爪哇依赖相当长的输送管线。由于天然气管线基础建设需要庞大资金，印尼政府无力提供这笔资金，因此，国内运输及配送网络建设的落后状况限制了天然气的使用。在电力方面，尽管印尼煤炭资源相当丰富，但其国内消耗却以低等级的褐煤为主。近年来，提高煤炭利用效率的技术远未完善。在可再生能源利用和能源保护方面，印尼人力资源水平仍然很低，社会对新能源技术的吸收仍然很少，构建节能型文化存在客观障碍。在有关可再生能源和能源保护部门条例的实施方面，政府机构仍缺乏紧迫感和相互协作意识。③

其次，印尼对外国投资开发资源还存在一定限制。由于缺乏透明和连续的投资体制，招标、批准程序，能源部门在很大程度上仍旧保持在国有公司的实质"垄断"阶段。印尼能源部门的外部投资软环境不够好，导致投资额度无法满足迅速发展的国内能源需求。尽管印尼政府着手采取措施努力放宽相关法

---

① 赵春珍：《中国与印尼能源关系：现状、挑战和发展策略》，《南洋问题研究》2012 年第 3 期，第 20 页。

② 尽管一些国际石油公司已与印尼国家石油公司（Pertamina）合作开发了许多项目，但下游零售与提炼环节仍主要由印尼国家石油公司垄断。

③ 卢孔标等：《印尼新能源发展扶持政策的经验与启示》，《海南金融》2010 年第 2 期，第 56—57 页。

律政策，建立油气上游和下游法律规则等，但外资对印尼能源资源部门的准入仍存在障碍。印尼政府推出 PPP 融资创新，并在基础设施建设的 8 大重点领域推动 PPP，这涉及一些私人界投资风险较大，但属于政府应提供公共产品的领域。

再次，中国与印尼在能源合作领域的深度与广度明显不足，双方能源合作机制缺乏导致能源合作深度不够，缺乏必要的信息共享、能源争端解决、区域协同合作等机制。双方能源合作停留在较浅层面，能源合作无法与其他方面的经贸合作协同发展。在各国竞相争夺印尼能源市场的背景下，中国对印尼的能源投资形势不容乐观。东亚主要能源进口国之间竞争明显，这对中国与印尼油气关系的未来发展形成挑战。中国与其他国家和印尼在能源方面的合作相比还存在相当差距。印尼的外国石油公司众多，壳牌、马来西亚石油公司以及道达尔等多个国际石油公司都在印尼经营贸易，竞争激烈。印尼天然气出口的主要对象国和地区是日本、韩国和中国台湾，中国并未成为其天然气出口的主要对象国。中国与印尼在煤炭领域的合作最近两年受到来自印度等其他国家的严峻挑战。由于印度和印尼之间的地缘运输优势，印度寻求印尼成为其最主要的无烟煤进口来源国。同时，中国和印尼在煤炭方面的合作还受到印尼国内能源平衡的影响。未来印尼石油消费的短缺将需要由煤炭和天然气来填补，印尼政府将会尽其所能地保证能源安全以维持经济发展。在此背景下，印尼政府将会紧缩煤炭出口政策。

最后，中国和印尼之间的政治关系还存在一些不和谐的地方。面对中国经济的日益强大，印尼及其他东盟成员国和周边国家都感到了竞争压力。以印尼为代表的东盟国家对中国的强大与发展仍存疑虑，担心中国的强大会在经济上和军事上给它们造成威胁。这是制约中国和印尼两国能源领域合作的深层原因。此外，中国与印尼的能源合作还面临着政局问题和华人问题。印尼国内局势比较复杂，各种政治势力较量、地方分离主义及种族冲突只是暂时受到抑制。从长期看，中国能源公司在印尼开拓市场不可避免地要受到时局影响。由此可见，中国与印尼应继续开展能源战略对话，加强磋商，沟通协调两国的能源政策，扩大双方的能源投资合作。

# 第六章　中国与印度尼西亚海上安全合作

　　在印尼的海洋强国战略中，海上安全问题一直是其中的一个重要内容，这也是印尼的国家安全利益所在。因此，欲实现"海丝"战略与印尼海洋强国战略的顺利对接，就不能不关心海上安全问题。

　　在印尼的海洋强国战略中，海上安全占有重要的位置。海上安全不仅是印尼海洋强国战略的重要内容，也是涉及各方利益最多、最难以解决的一个问题。

## 一　中国和印尼开展海上安全合作的有利条件

　　印尼面临的各种海上问题是由其群岛国家的属性所决定的。现阶段，印尼面临的海上安全问题既是对其自身国家安全利益的巨大挑战，也为中国和印尼开展进一步的海上安全合作创造了有利条件。

　　1. 海洋资源特别是渔业资源的开发和保护

　　印尼地处太平洋和印度洋的交汇处，气候条件很适合鱼类的生存。因此，印尼的渔业资源非常丰富。印尼许多外岛由于自然条件恶劣无法发展农业，当地居民只能靠打鱼为生，但他们的捕鱼工具十分粗糙，捕鱼船只也十分简陋，有些地方甚至仍然保留着石器时代的捕猎传统，急需外国资金和技术的支持。

印尼政府估计潜在捕捞量超过 800 万吨/年，2013 年实际捕捞量为 582.9 万吨。[①] 印尼本国的捕捞技术和捕捞能力有限，导致大量周边国家船只前往印尼海域"非法"捕捞。以往印尼对待外国非法捕捞活动主要是采取扣船抓人、罚款遣返的方式进行惩罚。佐科上台执政后，颁布了严格的法律，对进入印尼水域的外国非法捕捞活动进行严厉打击，甚至炸沉非法捕鱼船只。鉴于打击非法捕鱼活动过程中暴露出来的印尼执法船只老化的问题，印尼政府宣称要逐步增加军费用以购买先进巡逻艇等必要装备。

与此同时，为贯彻印尼总统佐科把印尼建设为"全球海洋支点"的国家战略，印尼政府把发展以渔业为代表的海洋产业、为建设海洋强国打好经济基础作为本届内阁的工作重点。印尼国家级渔业融资项目由海洋渔业部和国家金融服务总局合作实施，前者负责提供诸如融资需求和计划、商业风险评估、行政条例和规范等行业数据及信息，后者负责筹资、贷款等具体融资操作。除了这类直接向渔业释放"金融福利"的措施外，印尼政府还致力于通过完善市场机制、挖掘产业链附加值、打造渔业贸易国际平台等措施为海洋经济的发展注入动力。印尼政府还于 2015 年开始倡导建立了"海产品贸易论坛"，定期组织展会、宣讲、研讨等活动，以促进本国渔业有效参与国际市场竞争。建立健全诸如"海产品贸易论坛"这类政府主导的多边平台旨在实现印尼与其他国家的海洋产业优势互补和有机融合。但自 2014 年底印尼新政府执政以来，印尼渔业发展状况未见明显起色。印尼海洋渔业部统计数据显示，2014 年印尼渔业出口额较政府预期水平下降近两成，2015 年一季度向越南等国的出口额又较上一年缩水 8.5%，且呈现出"量减价跌"的不利

---

① 中华人民共和国外交部网站，http：//www.fmprc.gov.cn/web/gjhdq_ 676201/gj_ 676203/yz_ 676205/1206_ 677244/1206x0_ 677246/。

形势。

2. 海盗、人口走私等非传统安全问题

印尼周边海域也是国际海盗和人口走私等犯罪活动的重灾区，迄今为止，印尼水域和马六甲海峡靠近印尼的海域仍是海盗频繁出没之地。除了索马里之外，印度尼西亚海域是世界上海盗出没最多的地区之一。2012 年这里共发生了 81 件海盗攻击事件，比 2011 年 46 件增加了近一倍。① 在人口走私和非法偷渡上，印尼也已成为来自中东和南亚地区的大量非法偷渡客前往澳大利亚的中转站，沉船事故也时有发生。虽然印尼成立了新的海岸警卫队专门用于打击非法偷渡，但仍无法从根本上遏制非法偷渡活动的发生。这就为中国和印尼开展海上安全合作打击海盗、偷渡等非传统安全问题提供了契机。

3. 领海争端

印尼作为世界上最大的群岛国家，其海洋边界划界问题异常复杂和敏感。虽然印尼已与周边多数国家和平地解决了大部分的领海划界问题，但仍未能和马来西亚、新加坡、东帝汶、帕劳等国完成海洋划界，其中的一些划界问题还曾恶化为纠纷，引发相关双边关系的倒退乃至于局部地区的紧张态势。② 在争夺日益激烈的南海问题上，印尼虽然不是南海主权声索国，但其在南海具有重大的战略利益。印尼认为南海问题既涉及其领土完整与领土安全，也事关东盟国家的领土完整和稳定。南海问题对于印尼来说主要有以下双重意义：一是鉴于印尼自身国土安全防御能力不足而造成的主权所属海域和战略航道的安全问题；二是南海问题长期悬而未决造成的潜在地区冲突问题。作为东盟最大的国家，印尼对此不能无所作为。以往印尼政府在

① 环球网，2013 年 1 月 29 日。

② 刘畅：《印度尼西亚海洋划界问题：现状、特点与展望》，《东南亚研究》2015 年第 5 期，第 35 页。

南海问题上采取的是"模糊"立场，但随着各国在南海问题上的博弈日趋激烈，印尼的立场也变得越来越强硬。

## 二 中国和印尼开展海上合作面临的挑战

海洋一直是印尼立国的根本，联通太平洋和印度洋的特殊的地缘特点将印度尼西亚的国家利益与国家安全、海上安全紧紧联系在一起，海上安全对印尼国家安全的决定性影响决定了印尼对海上安全的基本态度和重视程度。

2013 年 10 月中国国家主席习近平访问印尼期间，首次提出了"21 世纪海上丝绸之路"倡议，足见印尼在"海丝"战略中的重要地位。2015 年 3 月，佐科访华期间，中印双方发布了《关于加强两国全面战略伙伴关系的联合声明》，明确指出，习近平主席提出的建设"21 世纪海上丝绸之路"重大倡议和佐科总统倡导的"全球海洋支点"战略构想高度契合，双方将携手打造"海洋发展伙伴"。中国倡议的"海上丝路"战略以经贸合作为主要导向，以合作共赢为主要理念，以互联互通为合作重点，这些都十分契合印尼海洋强国战略的发展诉求。而且中国的综合国力发展强劲，有利于推动相关战略建设计划和项目的实施。印尼佐科总统也多次表示支持中方提出的"21 世纪海上丝绸之路"倡议，他曾公开表示"印尼正在努力建设海洋强国，而中国提出建设 21 世纪海上丝绸之路，这两项倡议高度契合"。[1] 但是，印尼对中国的战略疑虑却未因此有所减少，两国在海上安全问题上仍不时出现矛盾和纠纷。

中国和印尼之间在海上安全问题上的冲突主要来自于印尼认为中国渔民在印尼水域的"非法"捕鱼的问题和南海问题两

---

① 许利平等：《从贫民窟到总统府——印尼传奇总统佐科》，社会科学文献出版社 2015 年版，第 127 页。

个方面。如果不能处理好双方在此问题上的矛盾，势必将对中国的"海丝"倡议产生严重的负面影响，直接影响双方的战略对接。

在非法捕鱼问题上，佐科上任后，出台了一系列措施严厉打击外国"非法"捕鱼并决定对闯入印尼海域的外国"非法"捕鱼船"无须逮捕，可直接炸船"。据估算，自从印尼开始严厉打击外国"非法"捕鱼以来至 2015 年 3 月，已造成中国数亿美元的经济损失，而未来的潜在损失也至少高达数亿美元。2014 年 9 月，印尼通过了首部《海洋法》，为对外国非法捕鱼船只采取的极端措施提供了法理依据。2015 年 1 月，印尼又单方面宣布废除了 2014 年 10 月才与中国签订的渔业合作协议。2016 年 3 月，印尼又指责一艘中国渔船 19 日在印尼拥有主权的南中国海纳土纳群岛海域非法捕鱼，侵害印尼在专属经济区及大陆架的主权与司法管辖权，当印尼执法人员扣留渔船上的中国渔民并准备拖走渔船时，两艘大吨位的中国海警船还介入制止。为此印尼外交部部长雷特诺和渔业部部长苏西还就此事件分别召见了中国驻印尼代理大使职的公使衔参赞孙伟德表达强烈抗议。因此，中国方面应该尽快与印尼建立海上执法联络机制以避免发生海上安全事故引发两国外交冲突，影响两国的战略合作和战略对接。

在南海问题上，印尼虽然不是南海主权声索国，和中方在南海问题上并不存在重大领土争议和直接的利害冲突，但印尼的纳土纳群岛的专属经济区和中国关于南海的"九段线"间有部分重合，这不仅成为中国和印尼在南海问题上产生矛盾和纠纷的直接导火索，也使印尼在南海问题上扮演了十分特殊的角色，形成了其独特的南海问题立场。一方面，作为南海非主权声索国，印尼欲作为地区大国力图平衡各方力量，充当调停者的角色。强调自己中立地位的同时又拒绝美国"南海联合巡航"的提议，主张南海问题应该在东盟框架下解决。在面对中日争端时，印尼借机调和大国关系，提升自身地位。另一方面，印尼又表示对"九段线"的合法性不予承认，认为中国"九段线"主张和《联合国海洋法公约》（UNCLOS）不相容且态度强硬。

正是因为有上述两大海上安全议题的存在，印尼政府对中国"海丝"战略的态度还是比较谨慎的，在许多问题上都有所保留。

大国因素特别是美国、日本和印度等周边国家不断干涉和卷入南海事务也是影响中国和印尼海上安全合作的主要因素之一。

2015年10月，印尼总统佐科任内首次访美。在与奥巴马会见后发表的联合声明中，美国和印尼宣布将两国关系从"全面伙伴"关系提升至"战略伙伴"关系。在声明中，双方承诺继续深化基于相互利益和尊重主权与领土完整的双边关系。强调美国和印尼作为世界第二大和第三大民主国家拥有应对国际挑战的共同责任。双方决定致力于共同建设"战略伙伴"关系，扩大在战略利益领域的合作。建立由两国国务卿和外交部部长牵头的双边部长级年度战略对话机制。在联合声明中，美国表示支持印尼政府关于成为"全球海洋支点"的构想，欢迎印尼在地区与全球事务中发挥领导作用。美国支持环印度洋地区合作联盟，欢迎印尼在2015—2017年担任该联盟主席期间进一步加强该组织建设的意愿。印尼则表示欢迎美国为促进亚太地区和平、繁荣、稳定和安全的"亚太再平衡"战略。①

在该联合声明中，美国和印尼还提到了南海问题，指出两国对南海地区近期局势紧张、信任受损和地区和平、安全及经济繁荣遭到破坏的态势表示担忧。两国认为，有关各方在那些可能导致事态升级的行为上保持克制至关重要，重申维护南海

---

① 《中国青年报》2015年10月28日。

地区海上安全和国际公认的航行与飞越自由的重要性，支持依据包括 1982 年 12 月 10 日通过的《联合国海洋法公约》在内的国际法和平解决争端，认为全面有效地落实《南海各方行为宣言》及迅速完成《南海行为准则》制定的重要性。①联合声明还专门强调两国在海洋安全与防务等两个领域继续深化美国和印尼之间的合作。

美国和印尼两国此次首脑峰会还签署了《海上合作备忘录》与《全面防务合作联合声明》。《海上合作备忘录》强调要在海上安全、海洋经济、海洋资源及渔业保护与管理、导航与安全性、海洋科技及海上基础设施建设等领域进行全面合作。《全面防务合作联合声明》强调两国将在海上合作、维和、人道主义救援与减灾、联合防务装备研发、打击跨国犯罪及军队专业化建设等领域深化合作。

美国和印尼首脑峰会后，美国开始陆续通过立法落实上述对印尼的承诺。在《2016 财年美国国防授权法》中，首次出现了"南海倡议"，美国将出资 5000 万美元，帮助印尼等东南亚国家提高海上安全保障能力。②

日本近年来也加强了与印尼在海上安全领域的合作。安倍上台以来，通过了日本《新安保法》，通过修改武器出口三原则，大力发展军备和海外派兵，日本武器装备出口也在不断加快，防务合作也成为日本加强与印尼联系的突破点之一。在南海局势不断紧张的背景下，日本通过与该地区深具影响力的印尼加深在海洋安全领域及政治与防务领域的合作以制衡和牵制中国的意图十分明显。

2015 年 3 月 23 日，印尼总统佐科访问日本。访问期间佐科与日本首相安倍晋三举行了会谈，会谈后印尼和日本发表联合

---

① 《中国青年报》2015 年 10 月 28 日。
② 同上。

声明，表示要加强两国在经济领域的合作力度、促进日本企业对印尼投资、扩大两国贸易合作等。日本承诺将向印尼提供约1400亿日元（约合73亿元人民币）的贷款，用于印尼首都雅加达的城市高速铁路、爪哇岛和苏门答腊岛的送电网建设。① 双方还一致同意为加强海洋安保领域合作而举行两国外长和防长2＋2磋商，两国政府还签署了有关加强双边防务合作的备忘录。

2015年12月17日，日本与印尼举行了外长和防长2＋2磋商，这是日本第一次与东南亚国家举行2＋2磋商。两国还同意今后每两年定期举行2＋2磋商。日本与印尼在2＋2磋商中达成一致，决定启动有关签订防卫装备及技术转移协定的谈判，从而使日本向印尼出口其感兴趣的日本海上自卫队救援飞艇US2成为可能。18日，日本首相安倍晋三在首相官邸会见了参加此次日印2＋2磋商的印度尼西亚外交部部长雷特诺和国防部部长里亚米扎尔德，安倍表示，希望双方的防卫装备及技术转移协定谈判能取得进展。

在此次2＋2磋商结束后举行的联合记者发布会上，日本外相岸田文雄表示："日本和印尼双方一致认为，为了维持包括南海在内的地区的和平稳定和法治，加强海洋安全是不可或缺的要素。"

印度与印尼之间近年来的安全合作关系也在不断提升。2015年8月10日，印度尼西亚国防部表示，印度正在通过向印尼提供资金与技术转让，支持印尼武装部队及国防工业基础的发展。在印尼国防部部长里亚米扎尔德与印度驻印尼大使古尔吉·辛格的会晤之后，印尼国防部概括了增进双方防务合作关系的两个重点：加强在国防采购方面的合作，通过印度向印尼提供资金和技术转让支持印尼军事现代化计划；通过加强海上安全合作支持两国持续的经济扩张，给予印尼的资金将由印度

---

① 澎湃新闻网，2015年3月27日。

政府提供。

除此之外，印度和印尼的其余合作计划还包括印尼 PT PAL 造船厂与印度皮帕瓦夫防务公司在海军系统方面的合作以及印尼航天公司与印度斯坦航空工业公司的在军事航宇计划方面的合作。印尼航天公司与印度斯坦航空工业公司之前曾探讨过在研发"苏霍伊"战斗机机载系统方面进行合作，印度及印尼空军都装备了该战斗机。此外，双方还谈及轻型运输机以及教练机的联合研发事宜。①

## 三 对策建议

要实现中国"海丝"战略与印尼海洋强国战略的有效对接，不仅要求对存在于两国之间的海上安全问题及其重要性有一个正确认识，而且还要采取具体措施将海上安全问题的负面效应降至最低。

第一，应充分重视对方的安全关切，在涉及印尼主权尊严和领土完整的问题上要十分谨慎。目前，中国和印尼之间存在的可能影响双边战略对接的海上安全议题主要有两个：一是南海问题，二是非法捕鱼问题。

在南海问题上，印尼虽然不是南海主权声索国，但其对纳土纳群岛的安全一直存在担心，同时对中国在南海问题上的强势外交做法也感到十分紧张。虽然中国一再宣布对印尼拥有纳土纳群岛的主权不持异议，但仍然无法彻底消除印尼的疑虑。同时，印尼对中国渔民经常进入印尼水域"非法"捕鱼也感到非常不满，经常采取扣船甚至炸船的极端方式加以解决。在此情况下，面对可能会影响双边关系和两国战略对接的上述两大海上安全问题，中国不仅要进行解释和说服工作，还应主动释

---

① 新华网，2015 年 8 月 12 日。

出善意，加强在捕捞、养殖、人员培训和打击非法、未报告、无管制捕鱼等方面的合作并避免采取极端做法招致紧张关系升级。

同时，中国还应积极加强与印尼在海上互联互通问题上的合作，把互联互通作为双边合作的优先领域和重点方向。2012年12月，中国和印尼举行了首次海事合作委员会会议，建立了中国和印尼海事合作基金。2013年10月，中国企业组团首次参加印尼海事展。其间，中国企业与印尼船舶工业协会和印尼船东协会进行了积极交流并向对方展示了按照国际新标准设计、开发并适合印尼航运特点的新型船舶，与印尼一些船东、采购商和船舶制造商达成了部分合作意向。

中国还应进一步加强与印尼在海洋渔业等领域的合作。近年来由于中国多数沿海省份围海和填海规模的不断扩大，近海过度捕捞造成渔业资源急剧减少，而远洋渔业和远洋捕捞业的开发客观上导致近年来中印尼双边在中国渔船"非法"捕鱼问题上的矛盾和冲突不断加剧。因此，为了有效地打消印尼方面对中国渔船过度捕捞的疑虑和担心，应考虑重开两国间双边渔业问题谈判，中方还应主动采取措施限制和管控中国渔船在印尼"关心"水域的捕鱼活动。此外，双方还可在捕捞、水产品养殖、冷链建设等具体项目上进行进一步的探讨和磋商。中国企业还应充分利用自身在造船业拥有的全面技术和人才优势，积极开拓印尼船舶市场，尤其关注印尼在中小型自航式油驳、煤驳、岛屿间渡船等船型方面的需求，同时考虑进行双边海洋石油平台、浮式生产系统、海洋石油开发专用船舶的技术合作与研发。

长期稳定的渔业合作机制不仅可成为中印尼进一步开展海上安全合作的突破口，也会为南海问题的解决提供可供借鉴的解决思路。

第二，要进一步拓宽中国与印尼各界的联系和接触渠道，除要继续开展全方位、多层次的政府间官方往来以外，还要加强与印尼当地各土著民族居民的沟通，拓宽民间往来的渠道和范围。

中国"一带一路"发展战略与印尼"海洋强国"战略的对接不仅有赖于双方政府各级具体职能部门的执行和落实，也寄托于两国民众对此的理解和支持。应充分认识到印尼的民主政制与中国政治体制间的巨大差异，了解印尼民主体制下利益诉求的多元性，充分认识到民意对政府决策的重要影响。除要持续推动两国政党、经济部门、海洋部门、地方政府和企业间的交流和来往之外，还要持续深入地开展与印尼各界人士特别是土著居民的接触和了解，进一步增进双方间的互信。

此外，由于印尼是一个多党制国家，不同政党的政治主张不尽相同，反对党的态度和立场对政府的决策和施政也会产生很大的影响。与此同时，印尼全国各省也往往被赋予了较大的自主权，如对在当地投资项目的审批权等。因此，印尼各反对党和各地方政府对中国"海丝"战略和投资项目的态度也是中国和印尼双方合作项目能否顺利实施和圆满完成的一个重要决定因素。所以，还要注意加强与印尼国内各反对党和各级地方政府的接触。这不但有利于促进印尼各界对中国的正确了解，也有利于推进双方发展战略的有效对接。

第三，要适度发挥华侨华人的作用，利用他们的工作和影响引导印尼各界对中国产生正面而非负面印象。

印尼是东南亚华侨和华人最多的国家，据估计可能有1000万之多。华侨华人企业在印尼经济中发挥着举足轻重的作用，是促进中国和印尼双边经济关系的一支重要力量。应考虑将亲缘、血缘和宗族文化认同作为突破口，继续发挥其在双边经贸合作中的桥梁和纽带作用，同时通过他们对印尼上层和普通民众多做解释和说服工作，以逐步解除其对中国所持的原有疑虑。从印尼国内情况来看，印尼政府对华侨华人的作用也是越加重视。2014年时任印尼总统苏西洛签署法令，将印尼语中对"中国"的称呼从"支那"改为"中国"，这不但得到被视为对印尼经济有重要贡献的华侨华人的认可和尊重，也为中国进一步开展印尼华侨华人工作提供了更加方便的条件。

但在实际操作中，特别是与那些已经取得印尼国籍的华人接触时还是要适度和谨慎，因为这可能会引起印尼政府的反感和警觉，可能会适得其反。

第四，加快《南海行为准则》的谈判进程，以进一步增进和深化双边互信，共同维护南海和周边地区的和平与稳定。

中国与东盟之间达成的《南海各方行为宣言》（简称《宣言》）在2002年签署时就明确有必要进一步制定《南海行为准则》，对此中国一直持积极和开放的态度。与《南海各方行为宣言》不同，《南海行为准则》从法律上对有关各方均有约束力、各方均有义务遵守，这也正是该准则难以达成协议的困难所在。南海和平是中国的重大利益所在，也和印尼的利益和海上安全息息相关。因此，南海问题有关各方应通过谈判协商解决有关争端，这是对各国最为平等，也是最为有效的解决方式。同时，中国和印尼也应共同努力推进《南海各方行为宣言》的落实与加快《南海行为准则》磋商进程，为双边海上安全纷争的有效管控提供制度化保障。

但加快《南海行为准则》谈判进程并不意味着给谈判本身制定一个最终时间表。从《南海各方行为宣言》到《南海行为准则》的过渡是一个连续的和渐进的过程，准则的制定涉及多方不同利益，需要极其复杂的协调过程。因此，对《南海行为准则》谈判达成最终协议的时间要有一个合理的预期。《南海行为准则》的制定也需寻求最广泛共识，充分考虑所有国家包括中国和印尼的共同利益。《南海各方行为宣言》和《南海行为准则》两者也是相互联系、不能互相替代的，落实好《南海各方行为宣言》是制定《南海行为准则》的基础，也是推动各方务实合作尤其是中国和印尼海上安全合作的前提条件。

2014 年 10 月 28—29 日，落实《南海各方行为宣言》第 8 次高官会在曼谷举行。各方充分肯定了全面有效落实《宣言》对维护南海和平稳定的重要意义及在《宣言》框架下开展的各项务实合作，积极评价《南海行为准则》磋商所取得的进展。会议决定通过不断积累和扩大共识稳步有序推进磋商，并在协商一致的基础上争取早日达成《南海行为准则》。各方就"早期收获"内容初步达成一致，包括批准《南海行为准则》磋商的第一份共识文件，分别设立中国—东盟国家技术部门之间的"海上联合搜救热线平台"及中国—东盟国家外交部之间的"应对海上紧急事态高官热线"，举行中国—东盟国家海上联合搜救沙盘推演，推广卫星系统在南海导航和搜救中的应用等。①

2014 年 11 月 13 日，中国国务院总理李克强在出席东亚峰会的发言中明确指出了中国处理南海问题的"双轨思路"，即有关争议由直接当事国通过友好协商谈判寻求和平解决，而南海的和平与稳定则由中国与东盟国家共同维护。他表示中国同意积极开展磋商，争取在协商一致的基础上早日达成《南海行为准则》。

第五，充分利用中国的空间技术优势，加强双方在卫星发射和卫星通信、遥感、导航等领域内的合作，为中国和印尼经济技术合作关系树立新的合作示范样板。

2015 年 3 月，印尼总统佐科访华并出席博鳌亚洲论坛年会。访华期间，中国和印尼两国政府正式签署了《中华人民共和国和印度尼西亚共和国关于加强两国全面战略伙伴关系的联合声明》。在声明中，双方积极评价了两国海上合作取得的长足进展，认为应继续用好两国海上合作委员会机制和中印尼海上合作基金，加快推进"海事卫星地面站建设""中国和印尼国家联

---

① 新华网，2014 年 10 月 29 日。

合海上搜救沙盘推演"和"中国和印尼海洋与气候中心建设"等项目，并继续加强在航行安全、海上安全、海上搜救、海洋科研环保等领域的务实合作。

此外，双方还签署了包括航空航天开发、海上搜救等方面开展合作的 8 项协议。

其中中国交通运输部和印尼国家搜救局签署了《中国和印尼海上搜救合作谅解备忘录》，中国国家航天局和印尼航空航天研究院签署了《2015—2020 年中国和印尼航天合作大纲》，进一步明确两国未来航天合作领域和重点方向。双方充分肯定了中国和印尼航天合作联委会机制在推动两国航天合作中的重要作用，同意将继续加强在卫星遥感、卫星通信、卫星导航、卫星发射服务、航天测控、探空火箭、航天基础设施、卫星分系统及零部件、空间科学、人员交流培训、航空技术等领域的合作，全面提高两国航天合作水平。印尼方面愿继续根据印尼国家法律和双边协议为中方测控船只赴印尼海域执行测控任务提供便利。中方表示愿意在探空火箭能力建设方面与印尼方进行合作。双方还同意在两国政府间科技联委会框架下，积极推进共建包括遥感卫星数据共享与服务平台等领域合作。①

第六，建立海啸预警中心，为周边国家包括印尼提供海啸实时预警。

印尼地处印度洋板块和亚欧板块的结合处，属于环太平洋地震带的高强度地震高发区，每年发生大小地震数千次。2004年 12 月，印尼苏门答腊岛附近海域发生强烈地震并引发印度洋海啸，造成重大人员伤亡，仅印尼一国就有 20 多万人死亡或失踪。此次海啸发生后，各国开始重视海啸预警和预报工作，一些海啸预警中心也陆续建立。

2016 年 3 月 16 日，列席中国两会的中国国家海洋局局长王

---

① 中华人民共和国中央人民政府网站，www. gov. cn。

宏表示，经过联合国批准，中国正在建立南海海啸预警中心，中心已经在运行，并且向国际社会包括南海周边国家发布海啸预警。虽然许多外国媒体对中国建立南海海啸预警中心的真实意图存在许多不实的猜测和质疑，但该海啸预警中心是在联合国同意的情况下进行建设的。2013 年 9 月，在联合国教科文组织政府间海洋学委员会下属太平洋海啸预警与减灾系统政府间协调组第 25 届大会上，中国被批准由中国国家海洋环境预报中心牵头，建设联合国教科文组织政府间海洋学委员会南中国海区域海啸预警中心。因此，南海海啸预警中心的建立有着充足的法理依据和合法性。

南海海啸预警中心的建立可以向国际社会包括印尼在内的南海周边国家发布实时海啸监测和预警，在必要时也可邀请印尼等周边对此感兴趣的国家一同参加海啸预警中心的建设，以对外昭示中国使南海成为和平之海、友谊之海的决心。

# 第七章　印度尼西亚工业园区发展历程及机遇

印尼工业园区的发展历程与印尼的工业化进程同步，经历了起步期、低迷期、发展期。

## 一　印尼工业园区的发展历程

印尼工业园区的发展伴随着印尼经济发展的历程。

### （一）印尼工业园区起步期（20世纪70年代至80年代末）

印尼独立后，政府面临着国内分离主义运动以及重构国家政治版图的艰巨任务，工业化处于艰难起步阶段。进入20世纪70年代以后，随着石油经济快速发展，印尼政府开始谋划在各地建立工业园区，为非石油、天然气产品出口谋篇布局。

1973年，印尼第一个工业园区——雅加达工业园区建立。紧接着，1974年，泗水工业园区、芝拉扎工业园区建成。1975年，成立巴淡岛工业园区。1978年棉兰工业园区和万鸦老工业园区建立，1984年建立井里汶工业园区，1986年建立楠榜工业园区。这些早期的工业园区或第一代工业园均由政府所有并经营。由于管理不善、缺乏资金投入、官僚作风严重等原因，一直发展不理想。

### （二）印尼工业园区黄金发展期（20 世纪 80 年代末至 90 年代末）

20 世纪 80 年代，大量外资进入印尼，制造业发展迅速，1989—1997 年，印尼经济一直保持着平均 7% 的增长。随着外资逐渐进入，从 1989 年 10 月开始，印尼政府通过"53 号总统令"，开始把工业园区转卖给私人企业，同时也对外资开放。这一阶段印尼工业园区发展到第二代，绝大多数由私人企业或者外资企业所有并且经营管理。工业园区的招商引资、基础设施建设和日常经营等由企业负责。对于落户工业园区的企业，无论内资还是外资均与园区外企业待遇相同，政府未提供优惠政策。但园区内建厂用地手续简便，且已完成"七通一平"，工业园区管委会提供审办投资手续和招聘职工等服务，以方便投资者。

1996 年《第 41 号工业园区法》对推动工业园区内投资提供了法律保障，规定工业园区的所有者以及经营者要符合的基本要求及权利义务等，并对工业园区的相关技术指标，比如对工业用地、商业用地、居住用地、其他用地等的比例做了规定，同时规定建设工业园区不能减少地方农业用地指标。对业主的主要规定有：1. 业主须协助企业落户工业园区并取得相关批文；2. 遵守国家的环境保护法规；3. 向工业贸易部提交经营报告；4. 监督企业合法使用工业园区内土地；5. 负责提供工业园区内的基础设施。

在上述政策的刺激下，印尼工业园区如雨后春笋般地发展起来。这一阶段印尼工业园区快速增长，原因在于：1. 印尼在此阶段被誉为亚洲四小虎之一，前景美好。工业园区投资环境已获改善，更多的公司因扩充而需要购置厂房。2. 印尼政府急欲拓展出口，因此产品必须具有竞争力并符合国际水准，而工业园区能为厂商提供较高的效率及安全保障，此外集中在工业园区的厂商之间也具有互补性。3. 厂商如在政府所规划的工业园区以外的地区投资,需面临投机而导致土地价格暴涨的风险,这一情况尤以爪哇岛最为严重。4. 自 20 世纪 90 年代初开始,印尼政府就大幅度放宽投资管制,吸引外国公司到工业园区设厂。《广场协议》后日元对世界主要货币的升值造成日商生产成本增加,迫使日商转移生产基地,使得印尼借机发展工业园区承接投资,并与邻国竞争。

### (三) 印尼的工业园区发展的低迷期 (20 世纪 90 年代末至 21 世纪初)

1997 金融风暴席卷印尼,印尼制造业萎靡不振,经营状况普遍不佳,企业裁员、工厂减产、公司倒闭的现象比比皆是,出现了令人担忧的所谓"去工业化"现象。加上 1998 年印尼发生骚乱,印尼政局不稳,数年间更换几任总统,经济一直停滞不前。尽管国民生产总值到 2004—2005 年连续超过 5%,但失业率仍然普遍较高。自 1997 年印尼制造业的生产增长率在逐年下降,金融危机前制造业年均增长 9%,危机后滑落至 4% 以下,其中 2001—2003 年增长率分别为 3.98%、3.68% 和 3.38%;制造业吸纳劳动力的能力每况愈下,危机前,制造业吸收劳工年均增长 7.1%,但 1999 年只增长 2.2%,2000 年增长 2.4%,2001—2003 年急跌至 1%、4% 和 5%,不仅没有提供足够的新的就业岗位,反而大量裁员;制造业的劳动生产率也有巨大反差,制造业单位劳动生产率增长率 1993—1997 年年均增长 3.9%,而 1998—2002 年年均增长只有 0.55%。

在如此经济形势下,印尼工业园区发展陷入低谷,可以说是举步维艰、经营困难。印尼政府 1989 年发出的批准书原则上允许在全国建立 203 块工业园区,占地 6 万—7 万公顷,但是到 2004 年为止,只有 64 块工业区在实际运作,占地 2 万公顷,而只有其中 44% 的土地被开发利用。截至 2004 年,在工业园区内

的企业共 5997 家，中型企业（以年出口额 700 万美元计）占
60%，大型企业（以年出口额 2000 万美元计）和小型企业（以
年出口额 200 万美元计）各占 20%，总共雇佣员工 1175625 人。
工业园区产品约 40% 内销，60% 出口。落户工业园区的外资企
业以日、韩、新加坡、澳大利亚居多，中国台湾也有一定数量
的投资企业。

　　1997 年金融危机后，印尼经济一直增长乏力，中央政府也
非常希望借吸引外资来发展工业园区，提振经济，但是引资效
果却不理想。其原因是多方面的：一是印尼基础设施比较落后，
其公路、铁路、航空、港口、电力、通信、供水以及其他生产
生活配套设施都较缺乏。二是当时正处于民主改革时期，政局不
太稳定、政策多变，缺乏规范和透明的法律体系，法制环境差
且许多法律规定都不尽合理，有法不依、执法不严的现象严重。
外资企业在印尼若遇到纠纷几乎不可能通过当地司法解决。三
是政府部门办事效率低下，腐败现象严重，行贿受贿成风。自
从 2001 年实行地方权力下放后，地方政府各行其是，乱收费等
现象较严重。四是社会贫富悬殊，恐怖主义和宗教极端势力活
动时有发生，社会安定仍不尽人意。五是劳工生产效率和技术水
平较低。《劳工法》对劳工的保护超过限度。虽然政府为了吸引
外资想修改《劳工法》，但遭到工会组织和工人的激烈反对，未
能实现。

　　因整体投资环境不理想，所以工业园区的发展受到很大阻
碍。由于政府缺乏对基础设施的投资，而私人企业也无力承担
巨大的基础设施投入，印尼部分工业园区的基础设施已经严重
滞后。印尼工业园区协会估计，仅基础设施落后一项，每年间
接损失数十亿美元的外资。工业园区单靠吸引企业落户已经难
以经营下去，还需靠出租土地以及把工业用地改为商业用地等
措施才能勉强维持。政府对工业园区没有发展规划，能经营好
现存的工业园区已经是不易。

### （四）印尼工业园区大力发展期（2005 年至今）

2004 年印尼较平稳地完成了全国民主选举，苏西洛政府采取一系列政策措施，多管齐下，推动经济复苏，努力振兴印尼经济，重塑印尼国际形象，积极改善投资环境，吸引外资逐步重返印尼。扭转印尼经济形势，使印尼经济改变温和面孔，进入快速发展期，恢复在东盟的领头羊地位。2005—2009 年印尼的经济年均增长 5.62%，2010—2014 年达到 5.8%。

苏西洛振兴印尼经济的政策举措主要集中在：一是扫除贫穷，减少失业。主要通过发展劳动密集型产业，如拓展中小企业、改善农业经营、振兴农村经济等来实现。二是实施新的银行改革计划，继续整顿银行金融体系。三是开拓旅游市场，振兴旅游经济。

此外，以下经济政策推动了工业园区的重新发展：

1. 改善投资软硬环境，提高竞争力，吸引外资重返印尼。印尼政府正式宣布 2003 年为"印尼投资年"，同时宣布了促进外国投资的一系列新举措，之后又将"印尼投资年"延长至 2004 年和 2005 年，重点推介印尼的投资环境；印尼政府还正式成立了由印尼投资协调委员会牵头的为投资者提供优质的"一站式"服务的机构，以进一步简化投资审批手续；修改和出台新的投资法，以消除阻碍投资的各种消极因素，以便在激烈的国际竞争中恢复印尼原有的投资地位，吸引外资重返印尼。

2. 推出发展东部新的政策举措。印尼是全球最大的群岛国家，分为东西两大区域。西部包括 17 省，全国 2.5 亿人口中，有 78% 居住在西部。东部包含 15 省，面积占全国面积的 70%，但人口只占全国人口的 22%。印尼西部与东部经济发展不平衡，西部地狭人多，社会经济较为发达，居民较为富裕；东部地广人稀，社会经济发展较为迟缓，贫困居民超过 40%。印尼西富东穷，因素很多，不论是殖民时期，还是独立以后，历届政府都存在"重西轻东"倾向，则是重要原因之一。东部农渔矿藏等天然资源极为丰富，地理位置又靠近马、菲、澳等国，发展潜力非常大。印尼民主改革实行地方自治后，东部揭开了发展经济的序幕。苏西洛政府将努力开发东部地区经济定为重要的经济政策，印尼政府颁发的2014年第3号《工业法》和相关规划明确规定投资建设工业园区必须着重在印尼东区或爪哇岛外，以提升国家整体经济实力，并将此项措施视为消除贫困的关键之一。

3. 推动制造业走出低谷。制造业是国家综合实力和国际竞争力的重要体现，是工业化和现代化的主力军。印尼之前出现的"去工业化"现象已经影响了国民经济的发展，苏西洛政府对此推出新的振兴工商业的对策，力图把工业生产率恢复到1997年以前的水平。振兴重点是纺织业、制鞋业、木材加工业、电子电器业、纸浆和造纸业等。政府通过提高制造业的生产效率以及吸引更多国内外投资来达到上述目标，主要措施有：维持宏观经济稳定，出台有利的招商引资措施，营造便利的营商投资环境，吸引国内外投资进入制造业并鼓励制造业部门进行技术和管理方面的革新；按照劳工市场供求状况有序调整工资升幅，减少对正常经济活动的干预；最大限度利用印尼天然资源丰富、劳动力充沛的有利因素，大力发展具有比较优势的产业，放弃竞争力低于邻近国家的产业；大力发展农渔畜牧业，为工业提供原料和市场。

为了加紧吸引外资，苏西洛政府计划兴建6个开发区，为此，副总统卡拉2006年专门考察了中国苏州和深圳。2007年9月推出法规，把巴淡岛、部分宾坦岛和井里汶地区划定为自由贸易区，这为当地政府在部分政策上提供了更多自主权，为期70年。这三个岛屿将免去进口税、增值税、奢侈品税和国产税。委员会由廖内省省长及印尼投资协调局主席领导，并包括多名外国和本地投资者的代表。新加坡将负责推广投资、统一移民系统及帮助建设贸易区。巴淡岛实行自由港与自由贸易区政策后，这个靠近新加坡的岛屿或将成为印尼的出口中心。巴淡岛位于世界海运繁忙的马六甲海峡，实行自由港与自由贸易区政策后，将向那些转运货船提供关税优惠，以鼓励更多外国船停泊于巴淡岛。

在苏西洛总统第二任期，印尼的工业发展促进了对工业园区的需求，2009 年第 24 号关于工业园区的政府条例明确发展工业园区的目的是控制耕地使用，从环保的角度提高工业建设以及加强地方工业发展，增强工业竞争力，增强投资竞争力，为基础设施建设提供计划的可确定性。2014 年《工业法》更加明确规定除了若干特殊情况外工业必须落户工业园区，推动生产者在工业园区内进行工业建设。在明确的政策导向下，2009 年已经准备好基础设施的工业园区还缺乏投资者，而 2010 年开始就供不应求。

2011 年 5 月，苏西洛政府宣布正式启动《印尼 2011—2025 年经济发展总体规划》。政府希望通过实施总体规划，力争实现在 2025 年跻身世界十大经济强国的远景目标。规划对未来印尼全国经济建设作出全盘布局，致力于提高经济增速，减少失业与贫困，实现社会公正和平衡发展。印尼政府将重点发展"六大经济走廊"，着力推动交通、通信、能源等大型基础设施项目建设，形成各具产业特色的工业中心。其中，对工业园区建设提出明确的政策导向：发展爪哇岛外的工业区域规划，包括重点在经济走廊上设置工业增长中心区、工业配套区、工业区、中小工业集中区。

2014 年以来，佐科政府提出了"全球海洋支点"战略，其中的工业园区规划沿袭并脱胎于《印尼 2011—2025 年经济发展总体规划》，重视在爪哇岛外的东部地区发展。2015 年 5 月，印尼工业园区联合会（HKI）成立。该联合会包括了 13 个省份的 70 个工业园区，占地达 45807.73 公顷。来自日本、韩国、新加坡、英国、德国、美国、澳大利亚、中国大陆、中国台湾、马来西亚的 8517 家企业已经入驻。行业涉及电子、汽车、食品饮料、化学、钢铁、制鞋、木材加工等。

目前，印尼的工业园区集中在物流服务和配套支持服务上，地方政府也作为工业园区的管理者发挥着作用。与第一代政府管理为特点的工业园区以及第二代简单概念下的工业园区相比，目前的第三代工业园区不仅有工厂，而且配套有居住区、商业、教育、娱乐和体育设施，可以发展成为新型的工业城市。

印尼经济近年来快速发展受益于工业园区的建设，工业园区产品占印尼非油气出口的 40%，吸引了 60% 的工业投资，工业园区的发展积极带动了相关产业的进步，并有力地促进了当地的经济活力。为继续推动印尼各地工业的发展，促进印尼各地区发展的平衡，截至 2016 年，印尼工业园区共有 85 个，占地达 46042 公顷，其中北苏省 3 个，西苏省 1 个，廖内省 2 个，廖内群岛 11 个，邦加群岛 1 个，楠榜省 1 个，东加省 4 个，南苏拉维西省 2 个，西努沙登加拉 1 个，万丹省 12 个，雅加达 3 个，中爪哇省 10 个，西爪哇 25 个，东爪哇 9 个。

## 二　未来印尼工业园区的发展趋势

2015 年 3 月印尼工业部发布了《2015—2019 年工业部战略计划》，相比之前该规划的主要特点是：

一是突出发展爪哇岛外工业区，规划上特别向印尼东部倾斜。增加爪哇岛外工业园区主要是因为爪哇岛内工业园区基础已相对扎实，而爪哇岛外或印尼东部地区的工业园区还为数不多。唯有着重在爪哇岛外建设工业园区，才能逐渐平衡全国工业园区的发展，同时也达到经济平衡发展的目标。新规划的 16 个工业园区中，14 个在爪哇岛外，2015 年度工业园区投资额 131.4 万亿盾，其中 70% 在爪哇岛外，比例还将逐年提高。

二是投资规模大。主要发展第三代工业园区，印尼政府计划 2015—2019 年投资 657.46 万亿盾在全国建设工业园区，14 个爪哇岛外的工业园区规划 29076 公顷，是之前印尼全国工业园区面积的 63%。

三是更加重视工业园区与外围基础设施的配套，特别是与港口、高速公路等交通基础设施的配套，降低印尼的物流成本。目前，印尼物流成本占 GDP 的比重为 23.5%，印尼政府希望在 2019 年将此比重降低至 19.2%。

四是电力设施先行。继两个 10000MW 电站规划之后着力提出 35000MW 电站规划，成为对工业园区发展的重要保障和支撑。

印尼政府 2015—2019 年发展工业园区的战略是：便利 14 个工业园区的建设；建设 22 个中小工业集中区，其中 11 个在印尼东部，11 个在印尼西部；与各利益攸关方协调建设主要基础设施、支持工业增长的基础设施以及保障劳工生活质量的设施。

为此，印尼工业部已与工业园区所在地的省、市、县政府商讨加快建设措施，包括鼓励私营企业通过相关部门和机构统筹参与开发等。14 个爪哇岛外新建工业园区位置接近原料产区，可创造就业机会，推动地方经济发展。这 14 个工业园区包括：西巴布亚省宾图尼（Bintuni）侧重油气和化肥产业；北马鲁古省东哈马黑拉（Halmahera Timur）和布利（Buli）侧重镍铁和不锈钢；北苏拉威西省比通（Bitung）侧重农业和物流；中苏拉威西省巴鲁（Palu）侧重藤制品、橡胶、可可和矿物冶炼；中苏拉威西省莫罗瓦利（Morowali）、东南苏拉威西省科纳韦（Konawe）和班达英（Bantaeng）侧重镍铁、不锈钢和矿物冶炼；南加里曼丹省巴都利金（Batulicin）侧重钢铁；南加里曼丹省裕朗（Jorong）侧重铝土矿；西加里曼丹省柯塔庞（Ketapang）侧重氧化铝；西加里曼丹省兰达（Landak）侧重橡胶和棕榈油；北苏门答腊省瓜拉丹绒（Kuala Tanjung）侧重铝和棕桐油；北苏门答腊省双溪芒克（Sei Mangke）侧重棕榈油；楠榜省汤加穆（Tanggamus）侧重海洋和物流。

# 三　中国与印尼工业园区合作现状与前景

在"一带一路"倡议下，中国政府支持企业走出去设立境外经济贸易合作区。中国商务部已经出台相关规定和指导意见，为企业走出去奠定了政策性基础。而中国与印尼工业园合作则是境外经济贸易合作的具体体现，具有强大生命力。

## （一）中印尼经贸合作区合作现状

随着中国印尼关系的发展，2005 年两国元首签署《中印尼战略伙伴关系联合宣言》，中国企业投资印尼逐年增加，中国—印尼经贸合作区项目是中国在印尼投资的第一个工业园，2009 年获得中国国家发改委、商务部对项目建设方案的批复，2013 年 6 月开园。2013 年 10 月 3 日，中印尼全面战略伙伴关系未来规划签署，"两国元首认同加强工业合作的重要性和互利性。双方欢迎和支持中国企业在印尼建立印尼—中国综合产业园区"。中印尼两国在签署《关于中国—印尼综合产业园区合作的协定》的基础上，支持两国企业在印尼投资兴建冶炼厂和综合产业园区，促进印尼基础设施建设和工业化发展。2015 年 4 月，习近平主席在《新闻公报》中表示双方同意将共同实施好中国商务部与印尼工业部签署的两国政府关于中国—印尼综合产业园区合作的协定。

在政策指引和市场驱动下，中国—印尼综合产业园区建设合作进展顺利，多家中资企业已正式启动园区建设，中印尼合资的工业园区在印尼蓬勃发展。如：2014 年中国河北省建设集团与印尼力宝集团签署协议，规划在印尼井里汶建设以重化工为主导产业的中国工业园。

随着中资在印尼矿业投资的热潮出现以及 2014 年印尼出台

禁止原矿出口政策，以镍铁加工为代表的工业园兴起，中苏拉威西省莫罗瓦利（Morowali）、东南苏拉威西省科纳韦（Konawe）和班达英（Bantaeng）镍铁、不锈钢和矿物冶炼工业集中了中资的青山、德龙、华迪、泛华等工业园区，其中青山印尼工业园已经投产，其他工业园区正在建设之中。

1. 中国—印尼经贸合作区项目

该合作区由广西农垦集团有限责任公司承建。合作区位于印尼首都雅加达东部 37 公里处贝卡西县境内的绿壤国际工业中心园区内，属于"园中园"。交通便利，地理位置优越。合作区规划用地总面积 500 公顷，首期实际规划建设面积 205 公顷，分两期进行开发建设。以"产业集聚、规模发展、产业升级、构建生态产业园区"为发展原则，合作区的产业定位主要为汽车装配、机械制造、家用电器、精细化工及新材料等产业类型。合作区所在的绿壤国际工业中心，基础设施及配套服务设施齐全，已配有供水厂、污水处理厂、电信中心、15 万伏特的国家变电站等基础设施，以及贝卡西县行政办公中心、高级住宅小区、体育中心、游乐场、学校、诊所、超市、银行等公共服务机构，为入驻企业提供了非常良好便利的投资和居住环境。中国—印尼经贸合作区作为中资企业到印尼投资发展的桥头堡，为更多中国企业进驻印尼市场搭建了一个安全、便捷的投资平台。同时也为入园企业提供协助办理投资执照、各种准证及签证的申办、地方政府协调、员工招聘及劳资关系管理服务、协助厂房的建设和扩充等一站式服务。

2. 莫罗瓦利青山工业园区

莫罗瓦利青山工业园区是由青山控股集团与印尼八星集团成立的合资企业苏拉威西矿业投资公司所兴建，总面积 1200 公顷，是以镍加工为主的矿业园区。一期工程 2015 年正式商业运营，冶炼厂占地总面积 230 公顷，配备 2×65 兆瓦的煤炭发电厂，年产量将达 30 万吨。年产量 60 万吨的第二期冶炼厂以及发电量2×150兆瓦蒸汽发电站的建设工程于2016年3月竣工。总面积400公顷的工业园区第二期，以不锈钢衍生行业为主。在该地块将有30家至50家企业，并将设置各种基础设施，如住宅区、酒店、商业区以及医院等。年产量30万吨的第三期冶炼厂、发电量300兆瓦蒸汽发电站，以及年产量200万吨不锈钢厂的建设工程还在建设中。除了不锈钢衍生行业之外，总面积360公顷的第三期建设也将发展供其他有关联行业及贸易活动便利的设施。除了镍和不锈钢加工厂之外，莫罗瓦利工业园将建总值1500万美元的机场，以及投资2000万美元的港口。200万吨不锈钢的生产线预期2017年年中上线投产。这意味着在未来该园区将形成一个"原矿—镍铁—不锈钢"的完整产业链。

### （二）中资工业园区发展前景

在"一带一路"沿线国家中，印尼是最具吸引力的投资目的国之一。不仅资源丰富，而且是东南亚最大、增长最快的消费市场，具有巨大的投资潜力。经贸合作区作为中印尼在产能合作领域的重要模式之一，是中国企业"走出去"的升级版，不仅符合两国政府政策导向，可以发挥中资企业具备资金、技术、人才等优势，实现产能"走出去"，带动对外工程承包合作与机械装备出口，还可以发挥印尼资源丰富、市场广大的优势，弥补其基础设施落后的劣势，为当地创造就业岗位，提高当地的经济发展水平，促进印尼经济结构加快转型，为实践"一带一路"倡议提供有益经验。

印尼佐科政府不断改善投资环境，推动工业园区项目建设，印尼经贸合作区建设具有较大的市场潜力和美好的前景。主要原因有：（1）印尼政治局势稳定，经济增长前景大好；（2）印尼地理位置优越，拥有丰富的自然资源，为制造业企业提供充足的原材料；（3）印尼人口众多、劳动力成本较低，中产阶级规模不断增加，消费潜力巨大，为企业提供了广阔的消费市场；
（4）印尼制造业水平较低，门类不齐全，缺乏竞争力，是中国
产能转移的可选之地；（5）印尼是东盟经济共同体的重要成员，
与多国签有双边贸易协定，在多边经贸合作领域，印尼为重要
成员国的 RECP 谈判有望于 2016 年底结束，印尼还在积极与欧
盟签订 CEPA，考虑加入 TPP，以印尼为基地可辐射到东盟国家
市场和更广阔的国际市场。

　　2015 年 9 月，中国民生投资股份有限公司表示有意向在印
尼投资建设工业园区，投资金额在 50 亿美元左右（折合成人民
币超过 300 亿元）。建成之后主要用于钢铁、水泥、水上飞机等
项目。2015 年 12 月，华夏幸福基业股份有限公司发布公告，宣
布与印尼 PT Alam Sutera Realty Tbk 公司（简称 AS）签署备忘
录，双方将共同设立合资公司，合作开发位于印尼万丹省唐格
朗市 Pasar Kemis 的目标区域，共同建设产业新城。华夏幸福作
为民营企业，以产业新城的模式推进中印尼间的产能合作，或
将形成新的中外产能合作样板。

### （三）印尼建设工业园区的经验

　　青山控股集团所投资的莫罗瓦利青山工业园区作为"一带
一路"倡议下产能转移的标志性项目，也是中资投资印尼较为
成功的已经投产的工业园。从其发展历程来看，主要经验有：

　　一是在国家统筹指导下，突出企业在设立工业园方面的主
体地位。中国政府在设立青山园区的立项上给予企业一定指导
与支持，在此基础上，青山集团根据印尼发展冶炼工业的政策
导向和工业园区发展规划，在该工业区设立上发挥了主体作用。
科学选址立项，利用在不锈钢行业的全产业链优势，立足印尼
的镍矿资源，先把镍铁项目建设好，同时把港口、道路、发电
等周边配套产业搞好，具备了招商能力后再将上下游企业带进
园区，从而把中国的镍铁产能转移到园区。

　　二是与当地政府建立沟通，争取优惠政策。与当地政府沟通，最重要的是自身条件要够硬，工业园区带动当地数千人就业，在当地有巨大影响力，政府自然重视。园区甚至带动了印尼当地政府出资，为来此工作的印尼工人建设了类似廉租房的配套设施。

　　三是实现本地化发展。中国企业到他国发展，容易因人文差异遭遇阻碍，寻找了解当地情况、有实力的合作伙伴非常重要。青山项目邀请了印尼工业部退休司局级官员出任管理层。在企业自身主动研究政策、了解当地情况的基础上依靠并且充分发挥合作伙伴的作用，大量吸收当地员工，加强与当地融合。

　　四是重视社区和谐和企业社会责任。印尼是伊斯兰国家，参加园区建设的当地工人每天都要到清真寺做礼拜数次。工厂动工前就在园区里建好两座清真寺，同时园区医院配有两台急救车，免费送急重病村民至邻近省城就医。每逢年节，公司还资助贫困村民并举办联谊活动。在具体施工过程中，采取各种措施降低对当地百姓生活、生态环境的影响。园区建成电站和医院后，公司免费给周边村庄供电与提供免费医疗，让当地2400多人就业，带动了当地经济繁荣。另外青山还注意保护当地的生态环境，严格按照环境保护条例开采建设。对开采过的镍矿区实行复垦，矿区的污水经过处理才排放。

# 第八章　中国企业投资印度尼西亚的风险及对策

随着中国与印尼合作步伐加快，中国企业投资印尼将涌现一股"热潮"。无论基础设施，还是制造业、能源和农业等，中国企业投资印尼"热情不减"。但在"热度"背后，理性评估中国企业在印尼的投资风险是十分必要的。

## 一　中国企业投资印度尼西亚现状

印度尼西亚作为东盟国家中国土面积和人口规模最大的国家，在东盟具有重要地位。多年来印度尼西亚的经济增长速度非常快，已经连续多年保持5%以上。2014年印度尼西亚的国内生产总值达到8350亿美元，经济增长率达到5.06%，而这已经是2009年来最低的增长速度。2008年全球金融危机肆虐的环境下，印度尼西亚的经济增长率高达6.1%。运输业、电信业、建筑业等产业是引领国民经济增长的重要部门。与政府支出和投资相比，消费对国民经济增长的贡献最高，对经济增长的贡献率达到55%。

印度尼西亚的自然资源比较丰富，因此矿产业在国内生产总值中的比重也比较高，是外汇收入和财政收入的重要来源。印度尼西亚政府公布的石油储量达到97亿桶，天然气储量达到176万亿标准立方英尺。但是随着石油产量的下降，印度尼西亚从石油出口国变成石油净进口国。2014 年印度尼西亚进出口总额达到 3544.7 亿美元，其中出口额达到 1762.9 亿美元，进口额达到 1781.8 亿美元，贸易逆差 18.9 亿美元。2015 年上半年，印度尼西亚进出口额为 1522.22 亿美元，同比下降 14.85%，其中出口额为 782.87 亿美元，进口额为 739.35 亿美元。2013 年 10 月，国家主席习近平访问印度尼西亚，并与印度尼西亚实现全面战略伙伴关系。2015 年两国领导人又进行互访，并且对双方经济发展战略互相支持，达成很多共识。

## （一）中国与印度尼西亚的双边贸易情况

随着中国—东盟自由贸易区的进一步完善和升级，中国与印度尼西亚之间的经贸关系也不断加强。除了个别年份以外，中国与印度尼西亚贸易额不断增长。2010 年，中国与印度尼西亚双边贸易达到 427.5 亿美元，2013 年达到 683.5 亿美元，2014 年达到 635.8 亿美元。

根据中国海关总署公布的数据，2015 年中国与印度尼西亚的双边货物贸易额为 542.4 亿美元，比上年同期下降了 14.6%。中国对印度尼西亚的出口额达到 343.5 亿美元，比上年同期下降 12.1%，而中国对印度尼西亚的进口达到 198.9 亿美元，比上年同期下降了 18.8%，中国对印度尼西亚实现了 144.6 亿美元的贸易顺差。

表 8-1　　　中国与印尼货物进出口额变化趋势　　　（亿美元）

| 年份 | 进出口总额 | 同比（%） | 出口总值 | 同比（%） | 进口总值 | 同比（%） |
|---|---|---|---|---|---|---|
| 2007 | 250.1 | 31.2 | 126.1 | 33.5 | 124.0 | 29.1 |
| 2008 | 296.0 | 30.5 | 160.9 | 40.9 | 135.1 | 20.0 |
| 2009 | 283.8 | -9.9 | 147.2 | -14.4 | 136.6 | -4.6 |
| 2010 | 427.5 | 50.6 | 219.7 | 49.3 | 207.8 | 52.0 |
| 2011 | 482.1 | 42.9 | 236.3 | 35.2 | 245.8 | 51.1 |

续表

| 年份 | 进出口总额 | 同比（%） | 出口总值 | 同比（%） | 进口总值 | 同比（%） |
|------|------------|-----------|----------|-----------|----------|-----------|
| 2012 | 662.2 | 9.4 | 342.9 | 17.4 | 319.3 | 1.9 |
| 2013 | 683.5 | 3.2 | 369.3 | 7.7 | 314.2 | -1.7 |
| 2014 | 635.8 | -7.0 | 390.6 | 5.8 | 245.2 | -22.0 |
| 2015 | 542.4 | -14.6 | 343.5 | -12.1 | 198.9 | -18.8 |

注：2008年数据为1—11月，2011年数据为1—10月。

资料来源：中国海关总署。

表8-2整理了近些年印尼的主要进出口商品类目。从表中可以发现，印尼主要出口商品类目大都为资源类产品。煤炭、液化天然气、棕榈油、石油及原油、天然橡胶、椰子油、棕榈仁油或巴巴苏棕榈果油、石油焦、石油沥青和未锻轧锡等商品均是与资源密切相关的产品，而只有鞋类是非资源类商品，可见印尼出口商品结构的资源型特点非常明显。与出口形成非常明显特点不同的是，印尼在进口方面涉及的产品不仅包括石油及沥青油制品、石油原油、液化天然气和小麦及混合麦等资源类产品，还包括汽车零部件、其他航空器、机动车辆与其他、货运机动车辆等工业产品。

印尼主要出口商品中，作为第一大出口商品的煤炭累计出口额显著高于其他产品。2012年煤炭的出口额达到1900亿美元，而排在第二位的液化天然气的出口额只有243亿美元，第三位的棕榈油只有205亿美元。2011—2013年，煤炭累计出口额达到2383亿美元，而排在第二位的液化天然气的累计出口额只有653亿美元。

2011年煤炭在印尼十大出口商品中的比重达到24%，2012年升至67%，2013年达到27%。液化天然气占印尼十大出口商品中的比重由2011年的22%，降至2013年的21%。2013年，煤炭和液化天然气，这两种产品在印尼十大出口商品中所占的比重达到将近50%。

个别产品远远领先于其他众多产品的现象同样存在于印尼进口结构上。作为印尼最主要的出口商品，2013年石油及沥青油制品的进口额达到279亿美元，远高于第二位产品——石油原油的136亿美元进口额。从2011—2013年，石油及沥青油制品的进口额累计达到836亿美元，而石油原油只有356亿美元，电话机及其他通信设备只有150亿美元。

2011年，石油及沥青油制品在印尼十大进口商品中所占比重已经高达47%，而石油原油的比重达到19%。2013年，石油及沥青油制品的进口比重稍有下降，达到45%，但石油原油的比重上升至22%，两种产品的比重已经高达67%。

表8-2　　　　　　　印尼的主要进出口商品类目　　　　　（亿美元）

| | 出口 | | | | 进口 | | | |
|---|---|---|---|---|---|---|---|---|
| 序号 | 类目 | 2011 | 2012 | 2013 | 类目 | 2011 | 2012 | 2013 |
| 1 | 煤炭 | 255 | 1900 | 228 | 石油及沥青油制品 | 277 | 280 | 279 |
| 2 | 液化天然气 | 229 | 243 | 181 | 石油原油 | 112 | 108 | 136 |
| 3 | 棕榈油 | 173 | 205 | 158 | 电话机及其他通信设备 | 46 | 51 | 53 |
| 4 | 石油及原油 | 138 | 176 | 102 | 汽车零部件 | 23 | 30 | 32 |
| 5 | 天然橡胶 | 118 | 123 | 69 | 液化天然气 | 14 | 31 | 31 |
| 6 | 铜矿砂及其精矿 | 47 | 79 | 30 | 其他航空器 | 29 | 40 | 6 |
| 7 | 椰子油、棕榈仁油或巴巴苏棕榈果油 | 31 | 26 | 18 | 自动数据处理设备 | 22 | 23 | 24 |
| 8 | 石油焦、石油沥青 | 19 | 24 | 27 | 小麦及混合麦 | 22 | 23 | 24 |
| 9 | 鞋类 | 22 | 22 | 23 | 机动车辆与其他 | 18 | 27 | 22 |
| 10 | 未锻轧锡 | 24 | 21 | 20 | 货运机动车辆 | 23 | 26 | 9 |

注：以HS4位码为计算单位。

资料来源：UN Comtrade。

　　从对中国的进出口货物贸易结构来看，2015 年，中国主要从印尼进口矿物燃料、动植物油、木浆及其他纤维、电子和木制品等，而这前五位产品进口总额达到 131.1 亿美元，占中国自印尼进口产品总额的 66.2%。中国主要向印尼出口机械、电子、钢铁、钢铁制品和塑料及其制品，这五类产品出口额达到 166.3 亿美元，占中国对印尼出口产品总额的 48.4%。① 从中国与印尼货物贸易商品结构变化趋势上看，进口方面，中国自印尼进口的矿物燃料出现下降趋势，下降幅度达到 23.4%，而其他产品，如动植物油、木浆及其他纤维、电子和木制品等进口产品没有出现太大变化。出口方面，在主要出口产品中，电子产品出口额下降幅度最大，同比下降 8.3%。随着印尼政府不断出台对资源类产品开发与贸易的限制措施，未来中国与印尼矿物燃料方面的贸易额与产品类目会发生一定变化。

　　当前，中国已经成为印度尼西亚的非油气商品的最大贸易伙伴（第二位和第三位分别是日本和美国）、最大进口来源国和最大贸易伙伴。随着中国"一带一路"倡议的推进，中国和印度尼西亚之间的贸易规模将有更大发展空间。中国与印度尼西亚之间的双边贸易将成为两国关系的重要基础。

### （二）中国对印度尼西亚的直接投资情况

　　中国与印度尼西亚不仅在对外贸易领域关系日益紧密，在直接投资领域也有很大发展。印度尼西亚市场发展空间广阔，吸引越来越多的中国企业赴印度尼西亚进行直接投资。

　　印度尼西亚的外商直接投资来源地区中，亚洲国家占最大

---

　　① 《2015 年 1—12 月中国—印度尼西亚重点产品进出口趋势分析》，南博网，http：//customs. caexpo. com/data/country/2016/04/08/3660070. html。

比重。2014 年来自亚洲的外商直接投资额达到 134.58 亿美元，其中新加坡的直接投资额最高，达到 58.32 亿美元，其次为日本，外商直接投资额达到 27.05 亿美元。来自中国香港和中国内地的外商直接投资额分别达到 6.57 亿美元和 8 亿美元。美洲对印度尼西亚的直接投资额达到 21.2 亿美元，其中美国对印度尼西亚的直接投资额达到 13 亿美元。欧洲对印度尼西亚的直接投资额达到 39.83 亿美元，其中来自荷兰和英国的外商直接投资额分别达到 17.26 亿美元和 15.88 亿美元。

表 8 - 3　　　　　　2008—2014 年印度尼西亚外商直接投资

来源地　　　　　　　　（百万美元）

| 地区 | 2008 年 | 2009 年 | 2010 年 | 2011 年 | 2012 年 | 2013 年 | 2014 年 |
|---|---|---|---|---|---|---|---|
| 亚洲 | 10367 | 3011 | 7978 | 9135 | 11098 | 13797 | 13458 |
| 中国香港 | 132.2 | 24.03 | 566.1 | 135 | 309.6 | 376.3 | 657.2 |
| 中国内地 | 134.7 | 47.58 | 173.7 | 128 | 141 | 296.9 | 800 |
| 日本 | 1265 | 684.9 | 712.6 | 1516 | 2457 | 4713 | 2705 |
| 新加坡 | 7841 | 1370 | 5565 | 5123 | 4856 | 4671 | 5832 |
| 马来西亚 | 375.6 | 123.2 | 472.1 | 618.3 | 529.6 | 711.3 | 1776 |
| 韩国 | 388.8 | 612.6 | 328.5 | 1218 | 1950 | 2205 | 1127 |
| 美洲 | 502.2 | 394.9 | 2715 | 2024 | 2140 | 3749 | 2120 |
| 美国 | 159 | 100.1 | 930.9 | 1488 | 1238 | 2436 | 1300 |
| 欧洲 | 840 | 1746 | 1302 | 2180 | 2574 | 2567 | 3983 |
| 英国 | 140.1 | 288.1 | 276.2 | 419 | 934.4 | 1076 | 1588 |
| 荷兰 | 207.8 | 1195 | 608.3 | 1354 | 966.5 | 927.8 | 1726 |
| 瑞士 | 73.24 | 64.3 | 129.6 | 9.4 | 255.1 | 124.6 | 150.9 |
| 非洲 | 108.4 | 496 | 150 | 202 | 1196 | 801.7 | 664 |
| 毛里求斯 | 43.4 | 159.4 | 23.35 | 72.5 | 1059 | 780 | 540.7 |
| 大洋洲 | 40.78 | 81.55 | 239.2 | 112.1 | 745.4 | 233.5 | 685 |
| 澳大利亚 | 36.73 | 80.42 | 214.2 | 89.7 | 743.6 | 226.4 | 647.3 |
| 其他 | 3025 | 5087 | 3830 | 5826 | 6812 | 7469 | 7619 |

续表

| 地区 | 2008 年 | 2009 年 | 2010 年 | 2011 年 | 2012 年 | 2013 年 | 2014 年 |
|------|---------|---------|---------|---------|---------|---------|---------|
| 总计 | 14883 | 10816 | 16215 | 19479 | 24565 | 28616 | 28530 |

资料来源：CEIC 数据库。

就印度尼西亚外商直接投资来源比重而言，来自亚洲地区的外商直接投资比重呈下降趋势。2008 年亚洲地区对印尼直接投资占印尼吸收外资总额的约 70%，远远领先于其他地区。而近些年来自亚洲地区的外商直接投资基本在 45% 左右，2014 年达到 47.2%。在亚洲众多国家中，新加坡直接投资比重最高，2008 年高达 52.7%，而近些年有所下降，但 2014 年仍然占 20.4%。其次为日本和马来西亚，2014 年两国的比重分别达到 9.5% 和 6.2%。中国香港和内地的比重在不断上升，2008 年两地区加起来比重只有 1.8%，而 2014 年已经上升至 5.1%。在美洲，美国的比重也呈不断上升趋势，2008 年直接投资比重只有 1.1%，而到了 2014 年该比重已经达到 4.6%。在欧洲地区也出现类似现象。2008 年整个欧洲地区对印度尼西亚的直接投资比重也只有 5.6%，2014 年该比重已经上升至 14%。荷兰和英国对印度尼西亚的直接投资比重也从 2008 年的 1.4% 和 0.9% 上升至 2014 年的 6.1% 和 5.6%。不仅是美洲和欧洲，非洲和其他地区对印度尼西亚的外商直接投资也呈上升趋势。可见，随着印度尼西亚经济的快速增长，印度尼西亚市场的重要性也越来越受到世界各国的关注。相比之下，原来最主要的亚洲地区对印度尼西亚的直接投资比重逐渐下降。

表 8 - 4　　　2008—2014 年印度尼西亚外商直接投资来源比重　　（%）

| 地区 | 2008 年 | 2009 年 | 2010 年 | 2011 年 | 2012 年 | 2013 年 | 2014 年 |
|------|---------|---------|---------|---------|---------|---------|---------|
| 亚洲 | 69.7 | 27.8 | 49.2 | 46.9 | 45.2 | 48.2 | 47.2 |
| 中国香港 | 0.9 | 0.2 | 3.5 | 0.7 | 1.3 | 1.3 | 2.3 |
| 中国 | 0.9 | 0.4 | 1.1 | 0.7 | 0.6 | 1.0 | 2.8 |

续表

| 地区 | 2008 年 | 2009 年 | 2010 年 | 2011 年 | 2012 年 | 2013 年 | 2014 年 |
|------|---------|---------|---------|---------|---------|---------|---------|
| 日本 | 8.5 | 6.3 | 4.4 | 7.8 | 10.0 | 16.5 | 9.5 |
| 新加坡 | 52.7 | 12.7 | 34.3 | 26.3 | 19.8 | 16.3 | 20.4 |
| 马来西亚 | 2.5 | 1.1 | 2.9 | 3.2 | 2.2 | 2.5 | 6.2 |
| 韩国 | 2.6 | 5.7 | 2.0 | 6.3 | 7.9 | 7.7 | 3.9 |
| 美洲 | 3.4 | 3.7 | 16.7 | 10.4 | 8.7 | 13.1 | 7.4 |
| 美国 | 1.1 | 0.9 | 5.7 | 7.6 | 5.0 | 8.5 | 4.6 |
| 欧洲 | 5.6 | 16.1 | 8.0 | 11.2 | 10.5 | 9.0 | 14.0 |
| 英国 | 0.9 | 2.7 | 1.7 | 2.2 | 3.8 | 3.8 | 5.6 |
| 荷兰 | 1.4 | 11.1 | 3.8 | 7.0 | 3.9 | 3.2 | 6.1 |
| 瑞士 | 0.5 | 0.6 | 0.8 | 0.0 | 1.0 | 0.4 | 0.5 |
| 非洲 | 0.7 | 4.6 | 0.9 | 1.0 | 4.9 | 2.8 | 2.3 |
| 毛里求斯 | 0.3 | 1.5 | 0.1 | 0.4 | 4.3 | 2.7 | 1.9 |
| 大洋洲 | 0.3 | 0.8 | 1.5 | 0.6 | 3.0 | 0.8 | 2.4 |
| 澳大利亚 | 0.2 | 0.7 | 1.3 | 0.5 | 3.0 | 0.8 | 2.3 |
| 其他 | 20.3 | 47.0 | 23.6 | 29.9 | 27.7 | 26.1 | 26.7 |
| 总计 | 100 | 100 | 100 | 100 | 100 | 100 | 100 |

资料来源：CEIC 数据库。

根据印度尼西亚投资统筹机构的统计数据，2015 年印度尼西亚吸收的外国投资增长率达到 19.2%。中国虽然大规模投资印度尼西亚的时间比较短，但其投资额增长速度非常快。2015 年中国内地对印度尼西亚的投资规模位列第 9 位，但增长率已经达到 47%。此外，中国香港对印度尼西亚的投资增长率位居首位，达到 103%。中国内地和中国香港分别成为 2015 年投资印度尼西亚增长速度最快的两个来源地。①

--------

① 《2015 年中国在印尼投资额增长 47%》，商务部网站，http：//www. mofcom. gov. cn/article/i/jyjl/j/201601/20160101241874. shtml。

观察 2008—2014 年印度尼西亚外商直接投资领域，我们不难发现原来吸收外商直接投资比较多的服务业逐渐受到冷落，第二产业正迅速成为吸收外商直接投资的最大产业。2008 年，印度尼西亚在第一产业领域吸收的外商直接投资超过 3.3 亿美元，而第二产业则达到 45.27 亿美元。2011 年第一产业吸收的外商直接投资上升至 48.83 亿美元，而第二产业引进的外商直接投资增至约 67.89 亿美元。2014 年，印度尼西亚第一产业和第二产业吸引外商直接投资分别达到 69.91 亿美元和 130.19 亿美元。可见，印度尼西亚的第一产业和第二产业越来越受到外资的青睐。具体而言，第一产业中的矿业吸收的外商直接投资比农业更多，而且两个产业部门吸收的外资差距也呈上升趋势。2008 年，印度尼西亚第一产业中的农业和矿业吸收的外商直接投资额相差并不大，分别为 1.47 亿美元和 1.81 亿美元，而到了 2014 年，两个产业部门差额已经达到 24 亿美元，矿业吸收的外资远远超过了农业。

第二产业中，吸收外商直接投资较多的部门为食品、化学制药、金属机械电子等。这三大部门在 2008 年吸收的外商直接投资额分别达到约 4.91 亿美元、6.27 亿美元和 12.93 亿美元，而 2014 年这三个部门吸收的外商直接投资额已经上升至约 31.39 亿美元、23.23 亿美元和 24.71 亿美元。

与印度尼西亚第一产业和第二产业吸收外商直接投资呈上涨趋势形成较大反差的是第三产业。2008 年印度尼西亚第三产业吸收的外商直接投资额约为 100.2 亿美元，而在 2011 年该值下降至 78.01 亿美元左右，2014 年回升至约 85.19 亿美元。总体上，在 2008—2014 年，第三产业吸收的外商直接投资额下降了约 15 亿美元。然而在第三产业内部，各产业部门也呈现非常明显的不同特点。虽然第三产业的吸收外商直接投资额在整体上出现下降趋势，但个别部门的吸收外资能力不断上升。其中房地产的变化最为明显。2008 年房地产吸收的外商直接投资额只有 1.72 亿美元左右，而 2014 年剧增至 11.68 亿美元，增幅接近 700%。此外，类似的部门还有建筑、商业、餐饮住宿等部门。这些部门吸收的外商直接投资额分别从 2008 年的约 4.12 亿美元、5.82 亿美元和 1.56 亿美元上升至 2014 年的约 13.83 亿美元、8.66 亿美元和 5.13 亿美元。

与这些部门明显不同的是，交通仓储通信行业吸收的外商直接投资额从 2008 年的约 85.21 亿美元下降至 30 亿美元。可见交通仓储通信行业吸收的外商投资额直接影响了整个第三产业吸收外资能力，并最终表现为第三产业吸收的外商直接投资额大幅下降。

表 8-5　　　　　2008—2014 年印度尼西亚外商直接投资领域

（百万美元）

| | 2008 年 | 2009 年 | 2010 年 | 2011 年 | 2012 年 | 2013 年 | 2014 年 |
|---|---|---|---|---|---|---|---|
| 第一产业 | 335.64 | 483.36 | 3033.9 | 4883.17 | 5933.07 | 6471.84 | 6991.27 |
| 农业 | 147.39 | 142.54 | 750.96 | 1222.49 | 1601.87 | 1605.34 | 2206.73 |
| 矿业 | 181.36 | 333.2 | 2200.55 | 3619.22 | 4255.45 | 4816.36 | 4665.11 |
| 第二产业 | 4527.23 | 3812.64 | 3337.3 | 6789.65 | 11769.95 | 15858.78 | 13019.36 |
| 食品 | 491.38 | 533.87 | 1025.75 | 1104.64 | 1782.94 | 2117.74 | 3139.6 |
| 纺织业 | 210.19 | 251.36 | 154.8 | 497.26 | 473.12 | 750.7 | 422.53 |
| 皮革鞋类 | 145.85 | 122.62 | 130.38 | 255.01 | 158.88 | 96.19 | 210.69 |
| 木制品 | 119.47 | 62.1 | 43.06 | 51.14 | 76.29 | 39.5 | 63.66 |
| 纸张印刷 | 294.72 | 68.11 | 46.41 | 257.53 | 1306.61 | 1168.88 | 706.54 |
| 化学制药 | 627.77 | 1183.09 | 793.36 | 1467.4 | 2769.79 | 3142.31 | 2323.38 |
| 橡胶塑料 | 271.57 | 208.5 | 104.31 | 369.96 | 660.3 | 472.22 | 543.91 |
| 非金属矿产 | 266.4 | 19.55 | 28.4 | 137.15 | 145.76 | 874.13 | 916.85 |
| 金属机械电子 | 1293.37 | 654.89 | 589.51 | 1772.78 | 2452.62 | 3327.09 | 2471.96 |
| 交通工具 | 756.24 | 583.38 | 393.77 | 770.13 | 1840.05 | 3732.24 | 2061.26 |
| 第三产业 | 10020.58 | 6520.27 | 9843.57 | 7801.72 | 6881.88 | 6286.91 | 8519.02 |
| 建筑 | 412.82 | 512.74 | 618.35 | 353.7 | 239.57 | 526.81 | 1383.64 |

续表

|  | 2008 年 | 2009 年 | 2010 年 | 2011 年 | 2012 年 | 2013 年 | 2014 年 |
|---|---|---|---|---|---|---|---|
| 商业 | 582.22 | 704.36 | 773.58 | 826 | 503.81 | 606.5 | 866.76 |
| 住宿餐饮 | 156.93 | 306.52 | 346.61 | 242.24 | 768.16 | 462.52 | 513.07 |
| 交通仓储通信 | 8521.66 | 4151.61 | 5072.12 | 3798.86 | 2808.23 | 1449.87 | 3000.85 |
| 房地产 | 172.81 | 310.31 | 1050.36 | 198.65 | 401.78 | 677.72 | 1168.4 |
| 总计 | 14883.45 | 10816.27 | 16214.77 | 19474.54 | 24584.9 | 28617.53 | 28529.65 |

资料来源：CEIC 数据库。

2015 年，中国对印度尼西亚的最大规模的投资计划在电力领域，占中国对印度尼西亚投资计划总额的 54.36%。第二大领域是铁路运输领域．占对印度尼西亚投资计划的 26.62%，第三大领域是金属工业，所占比重为 6.04%。此外，房地产领域比重为 5.03%，贸易领域比重为 3.36%。[①]

当前，印度尼西亚正在加快建设基础设施，然而由于财政能力有限，只能求助于外资。从目前来看，在未来印度尼西亚对基础设施领域建设需求仍然很大，中国与印度尼西亚之间将在基础设施领域有广阔合作前景。中国很多正要准备或者已经实行海外投资战略的企业可以利用这一机会，加紧参与印度尼西亚的基础设施建设。中方参与印度尼西亚的基础设施建设对于印度尼西亚的海洋战略以及互联互通起到非常有益的作用。

### （三）能源与旅游业等领域的合作

如前所述，印度尼西亚拥有丰富的能源资源有待开发，这对中国企业来讲是非常难得的机会。印度尼西亚的能源可以为中国能源需求与能源结构调整等起到积极作用。当前，中国与印度尼西亚在天然气、石油和煤矿等领域有一定合作。除此之

---

① 《官方机构：中国成为印尼 2015 年外国计划投资最大国》，中国新闻网，http://www.chinanews.com/gj/2016/01 - 05/7702540.shtml。

外，印度尼西亚的地热资源、水电资源开发程度也非常低，具有非常大的潜力。

　　旅游业也是中国与印度尼西亚加强交流与合作的领域。中国游客赴印度尼西亚的人数不断突破纪录。2015 年 6 月开始，印度尼西亚对中国游客实行免签政策，中国游客只需携带护照，即可享受在印度尼西亚以游客身份停留 30 天的待遇。印度尼西亚计划放宽外国邮轮入境限制，取消外国邮轮沿海航行权限制，让中国邮轮可以在港口直接办理海关、移民、检疫等手续。除了免签政策以外，印度尼西亚与中国城市之间的航班也不断增加，除了北京、上海、广州之外，开通了成都、南京、长沙和武汉等城市直飞印度尼西亚的航班。在印度尼西亚政府的政策下，中国赴印度尼西亚客流量再次突破历史高峰。2015 年中国赴印度尼西亚的游客增长速度达到 20% 之高，游客人数达到 143 万人次，中国游客成为赴印度尼西亚人数增长速度最快的国家。2016 年印度尼西亚旅游部预计能吸引中国游客人数达到 210 万人次，到时中国名副其实地成为印度尼西亚最大的游客来源地。为了吸引更多中国游客，印度尼西亚准备加强对巴厘岛、雅加达、万隆、日惹、龙母岛、巴淡等旅游地区的中文引导，增加中文导游和中文标识。另外，印度尼西亚也为中国游客提供货币兑换、酒店预订等便利。

## 二　中国企业在印度尼西亚遇到的投资风险

　　虽然中国与印度尼西亚之间的经贸合作日益增强，但由于政治体制和经济管理制度等方面的差异，中国企业在投资印度尼西亚过程中仍然存在比较大的不确定性和投资风险。

### （一）基础设施与基础工业滞后

基础设施是中国企业在印尼投资时需要考虑的重要问题。

由于物流成本高，电力供应也并不充足，因此实体产业，尤其是需要消耗大量电力，并涉及远途运输方式的企业将面临生产成本提高的问题。据统计，截至2013年底，印尼仍有近5000万人口（约占20%）没有享受电力服务。截至2015年3月，印尼电力装机总量只有4779万千瓦，其中74%依靠印尼国家电力公司投资建设电站，电力仍然供不应求。[①]

由于印尼由很多岛屿构成，海上运输是中国企业无法避开的因素。因此，印尼有限的港口条件可能会导致物流无法高效地运行，相应也可能会提高货物储存与运输成本。印尼首都雅加达人口已经超过1000万，但公共交通工具供应十分有限，城市交通拥堵情况较为严重。另外，印尼的基础工业仍然比较落后，尚未形成完善的产业链体系，将会给一些制造业企业的材料采购与加工生产带来很多不便。

为了改善基础设施环境，提高外商直接投资项目，印尼正在推动国家中期建设计划，而这些计划基本集中在基础设施领域。这些建设项目，包括普通级公路和高速公路建设、物流运输机场项目、港口建设项目、连接印尼主要城市的铁路网、水力发电站、污水处理系统、液化燃气供应站等。

### （二）能源产业投资风险

印度尼西亚的天然气和石油资源丰富。印尼拥有整个亚太地区第三大天然气储量，石油产量占全球石油产量的1.2%，主要的油田包括苏门答腊东海岸的米纳斯油田和杜里油田。由于印度尼西亚石油已经开采不少，因此印度尼西亚未来石油产业的投资具有不确定性。

---

① 《印尼新政府拟大力发展电力，中国企业迎来新机遇》，中华人民共和国商务部，http：//id. mofcom. gov. cn/article/slfw/hzjj/201410/20141000778450. shtml。

　　印度尼西亚天然气和石油产业长期依赖外国资本。印度尼西亚的天然气产业已经具备较大规模，然而由于炼油能力的不足，政府正大力引进外国资本。印度尼西亚政府对外招标的地区分布在印度尼西亚中部和东部等地。印度尼西亚多数大油田已经进入开采后期，米纳斯油田和杜里两大油田已经开采了80%的储量。2000—2009 年，印度尼西亚石油产量已经下降33%，并且从石油输出国转为石油进口国。

　　为了优先确保国内对天然气和石油的消费需求，印度尼西亚政府颁布了一些出口限制性措施，比如国内销售义务条款、暂停新项目天然气出口规定、修改成本回收法案、项目专访征税等均体现了印度尼西亚对天然气和石油出口的限制倾向。

### （三）印度尼西亚政府行政效率与官僚机构作风

　　当地政府作为项目的管理者，投资项目实施之前需要当地政府部门和主管部门审批，政府的行政效率和作风直接影响到投资项目的进程。印度尼西亚政府虽然不断致力于提高行政效率，提高政策执行透明度，但政府部门的腐败活动仍然盛行。2014 年全球清廉指数排名中，印度尼西亚的排名为第 107 位。虽然印度尼西亚政府在不断进行改革，但没有从根本上解决印度尼西亚政府行政效率低下、官僚作风盛行的弊病，让很多外资企业的一些正常项目和诉求得不到实现，干扰外资企业的正常投资活动。

### （四）恐怖主义造成的投资风险

　　另外，恐怖主义活动不时扰乱印尼正常的经济和生产秩序。2000—2009 年，印尼遭受过 7 次恐怖袭击，其中 2002 年和 2005 年发生的巴厘岛爆炸案分别死亡 202 人和 23 人。2016 年 1 月，印尼首都再次发生一系列爆炸事件，而极端组织"伊斯兰国"发表声明，宣称对这些恐怖袭击负责。

印尼频发恐怖主义袭击事件的原因，实际上与其特殊的宗教与历史有关。印尼拥有世界上最多的穆斯林人口，在叙利亚境内有不少印度尼西亚国籍的极端恐怖主义组织成员，而这些人时常混入印尼，制造各种恐怖袭击事件。

印尼的一些军事组织勾结"基地"组织和"伊斯兰国"等国际恐怖主义组织，不时得到海外势力的支援，一时难以彻底清除。另外印尼警方对恐怖主义的打击力度与方法也从某种程度上造成了恐怖主义活动无法根除。而且由于印度尼西亚的岛屿数量众多，涉及海域面积非常广，造成这些极端分子易于躲避警方的搜查。印度尼西亚的恐怖组织和恐怖分子比较分散，并没有在固定地点集中活动，因此从客观上增加了政府打击恐怖分子的难度，防范也比较困难。这些都使得投资印度尼西亚的外资企业多了一些对安全的担忧。

### （五）印度尼西亚对外国资本的警觉

印度尼西亚不少人对中国的崛起表示担忧。由于一些西方投机主义政客与媒体长期煽动对华的不实言论，印度尼西亚的部分民众将中国经济的强大视为一种"威胁"。印度尼西亚的一些媒体指责中国企业的产品在市场上以低廉的价格挤占了本国产品，并迫使国内企业关门倒闭。

一些媒体也指责中国企业的投资可能会造成对环境的破坏，大量资源被运往中国，使得印尼的经济发展更加困难。而且一些舆论有时也将矛头指向印尼华人。他们认为印尼华人虽然对印尼的经济发展做出较大贡献，但同时也剥削了印尼工人。一般印尼民众虽然并不仇视华人，但也需要注意个别媒体的错误导向。

除此之外，印度尼西亚的失业问题也是影响社会稳定的因素之一。虽然印度尼西亚官方公布的失业率达到5.7%左右，但实际失业情况可能更为严重。大量非正式就业的人群并未包含在官方统计中。加上近些年，不少印度尼西亚企业进行裁员，很多年轻人就业压力较大。根据国际劳工组织的估计，2013年印度尼西亚青年失业率超过20%。印度尼西亚的社会人口结构中，年轻劳动力的比重较大，劳动人口充足，然而相对过少的就业岗位使得大量年轻人找不到正式的工作。结构性失业使得印度尼西亚制造业在发展过程中遇到不少困难，是需要考虑的投资风险。

## 三　中国企业在印尼防范和监控投资风险的对策

印尼新政府执政以来，采取的缩减能源补助、简化投资审批程序等方面的政策措施有助于经济的进一步增长。印尼政府提出的降低政府债务水平，扩大基础设施投资建设，提高对教育、医疗、住宅等领域的支出以及降低对外国投资者进入国内市场的限制并加强政府部门之间政策一贯性等措施可以视为印尼政府向外界释放的积极经济改革信号。但是印尼政府的政策利率仍然较高，外商投资企业的营商环境仍然存在较多问题，政党之中也存在反对佐科的势力等因素仍然成为影响未来印尼加快外资引进、推动经济增长的重要变数。因此，中国企业需要通过各种形式的调查与研究，分析印尼当前的经济投资环境，制定出行之有效的投资方案，将投资风险降到最低。

### （一）制定缜密的可行性研究

可行性研究在海外投资项目中具有非常重要的意义。对项目的全面科学论证，掌握印度尼西亚经济、政治、社会、文化和技术等方面的信息，分析评估项目的风险和效益，可以将项目的投资风险大幅降低。印尼社会的一大特点是华人在经济中有重要的地位与作用。华人因素对印度尼西亚投资有可能是正面的，但也可能是负面的。正确理解印尼华人社会的历史形成过程和当前作用有助于中国企业在投资初始或项目实施过程中更好地运用华人因素解决面临的各种风险与困难。

中国企业要紧跟印度尼西亚矿业法规和投资政策变化，最大限度地适应印度尼西亚国情，保护好自身利益不受损害。中国企业要花时间了解印度尼西亚的宗教信仰、居民文化风俗，与有经验的华人社会或华人组织建立合作关系，这将有利于中国企业更快更好地适应印度尼西亚社会。

### （二）积极采用本土化经营

国际知名跨国公司之所以能够长期在海外进行投资开发，很重要的经验是属地化经营战略。尤其是前面所提到的能源型产业或者资源型产业均可能涉及破坏自然环境的问题。中国企业必须强调对矿区的自然生态保护，不仅保护施工工人的安全，而且也要注意应对投资项目的负外部效应。中国企业要注意与采矿地区居民和睦相处，可以专门成立项目保障委员会，负责监督项目的环保情况，保障周围居民的健康安全，也可以为居民提供各种生活服务。中国企业在学习知名跨国公司的投资经验的同时，也要以学习的态度，根据印度尼西亚当地特点，试探性地推行各种制度，形成中国企业自己的特点。

### （三）对项目的风险监控与管理

中国企业在印度尼西亚投资过程中，涉及复杂的投资项目操作管理，包括项目业主、出资商、承包方和设备供应商等。任何投资项目都不可能没有风险，但是风险监控与管理做得好，可以将风险降到最低。要严格进行合同管理，对所有合同逐级评议，并加强业务的规范性，注意发现项目中的潜在风险，同时提高业务人员的风险防范意识。风险的监控属于复杂的动态过程，大型项目需要建立风险预警机制和应急机制来建立比较完善的风险管控系统。对于项目实施情况要定期审查内控评估报告、风险评估报告，并随时进行补充和完善。

　　对于任何可能发生的风险建立储备方案库，以便随时应对复杂多变的形势。因此联合投资可以比其他形式更好地规避印度尼西亚的非系统性风险，同时也能控制好生产成本，有效地避免反收购的风险。当然，联合投资方式也存在自身缺陷。如联合投资的匹配度不高，而且受到对实施主体的高要求限制，其局限性也较大。

### （四）制定最佳投资策略

　　中国企业在印度尼西亚投资可以根据投资项目的具体特点采取灵活策略。如在钢铁领域，可以根据情况采取联合投资、并购或新建等方式。近些年，在钢铁上游市场上中国企业采取的是合资新建的形式，而在下游市场上，中国企业投资力量可能相对薄弱，因此可以采取联合投资的形式，以便获得更加稳固的地位。像联合投资可以避免单个投资在资金上的不足，同时也可以提供更多的增值服务，控制好投资风险。联合投资可以通过设定特别股权来防范风险，突破资本实力和股权比例的局限，更好地鉴别风险。而在镍矿开发领域，根据技术的不同，可能产生初始计划投资额与最终实际投资额的巨大差异。因此，中国企业需要充分评估矿产项目的周期性特点，拓展融资渠道，优化融资结构，利用投资银行等机构来融通资金。在海外并购方面，中国企业也可以考虑多种渠道实施海外并购。

# 第九章 中国和印度尼西亚战略对接的必要性和可行性

中国和印尼分别为世界第一大和第三大发展中国家，在全面战略伙伴关系框架下，两国的战略对接具有必要性和可行性。

## 一 两国发展战略对接的理论与现实意义

### 1. 地缘政治意义

地缘政治学关注的焦点是国家权力和领土控制，即一个国家是否有能力和权力在任何时候去干预、影响和控制具备重要战略重要性的领土。相邻的政治实体由于地理因素增加了冲突的机会。莱维斯·理查森（Lweis F. Richardson）的研究表明，相邻是一个共有的特点，共享边界增加了国家间互动的数量和类型。①

从这一角度来看，相邻国家会出于经济、外交、安全等共同考量和利益诉求进行合作。作为东盟最大的经济体和创始成员国，印尼与中国经济联系紧密，双方各自在对方的经济交流与合作中占据非常重要或比较重要的位置。印尼与中国陆地并

---

① ［美］詹姆斯·多尔蒂、小罗伯特·普法尔茨格拉夫：《争论中的国际关系理论》（第五版），阎学通、陈寒溪等译，世界知识出版社2013年版，第163—181页。

不接壤，但都是南海周边国家，属于海上邻国，印尼与中国有专属经济区的争端。由于在东盟的重要地位，印尼在地缘政治、外交、经济交流与合作等方面对中国有着不可忽略的战略意义和现实作用，因此中国需要进一步加强与印尼的经济合作。中国从长远而稳定的发展考虑，需要良好的地缘安全和外部环境。从中国的国家安全角度来看，南海地区已经成为安全隐患较为严重的地区之一，这里包括外交关系和海洋争端。这些隐患很难在短期内消除或减少，这将对中国的安全与发展产生不小的消极影响。

对于管理国家面临的不安全和冲突问题，国际关系理论中自由主义与现实主义提供了不同的视角。自由主义认为，管理国家不安全的路径是通过国际制度协调行动管理权力，这里包括集体安全和军备控制、裁军；而现实主义则指出，需要依赖武力或武力威胁（包括均势和威慑）来管理国家的不安全和国家间冲突问题。①

除了战争、政治分裂和冲突之外，国际关系理论也研究合作、和平与一体化等议题。其中合作理论的关键是双边或多边合作的动力或收益要超过单边行动的动力或收益。合作的动力也许是出于个体对集体福利承担的义务，也可能是出于对私利和收益的追求，这需要充分了解各成员的动机和意图。② 作为 10 + 1 合作的重要两个成员，中国与印尼的合作有助于维护地区和平与稳定的环境，对于外部势力介入本地区具有一定制约作用。

2. 国家发展战略意义

进入 21 世纪，国际关系体系和国际格局发生了显著的变

---

① ［美］卡伦·明斯特、伊万·阿雷奎恩－托夫特：《国家关系精要》，潘忠岐译，上海世纪出版集团 2012 年版，第 274 页。

② ［美］詹姆斯·多尔蒂、小罗伯特·普法尔茨格拉夫：《争论中的国际关系理论》（第五版），阎学通、陈寒溪等译，世界知识出版社 2013 年版，第 535—536 页。

化，那就是超级大国——美国实力的相对下降和新兴大国——中国的崛起带来两国力量对比日渐缩小，竞争逐渐加剧。对于现代世界体系中大国竞争引起的现代国际格局的历史演变，现代世界体系理论的创始者、美国学者伊曼纽尔·沃勒斯坦（Immanuel Wallerstein）认为，在现代世界体系中，总是有某些大国崛起形成历史上的霸权国家，但大国崛起是动态的过程，霸权国家并不能永久地保持霸主地位。他的"三霸权论"指出，现有霸主国家的称霸和正在崛起的非霸主国家的挑战是决定现代国际体系与国际格局演变的重要因素。而另一位学者乔治·莫德尔斯基（George Modelski）根据其长周期理论及对海权在世界政治中的地位与作用的分析，提出"五周期说"，他认为"领导者—挑战者—新领导者"的周期性变化反映了现代国际体系中大国轮番崛起消长的历史过程。①

中国主张不称霸，但其成为正在崛起的新兴大国已是不容争辩的事实。不管是否成为霸主或国际关系体系中的新领导者，当务之急是国家整体实力的提升与发展。对于发展战略，理查德·维尔特（Richard H. K. Vietor）指出，一国的目标也许只是"经济增长""政治稳定"等，有时也会更加明确和具体。为了实现国家目标，各国政府都会制定一系列的政策，或采取一些相关措施。②

中国与印尼进行发展战略的对接，有助于双方加快实现彼此的战略目标，推动双方的和平崛起。

3. 外交战略意义

国际关系理论家汉斯·摩根索（Hans J. Morganthau）认为，

---

① 叶江：《国际体系与国际格局新论》，上海人民出版社2014年版，第39—48页。

② ［美］理查德·维尔特（Richard H. K. Vietor）：《国家竞争力——全球经济中的国家战略、结构和政府》，中信出版社2009年版，第1—2页。

国际政治是一种为争取权力而进行的斗争。这种斗争的第二层次是"自主且单一的国家不断卷入权力斗争，用权力抗衡权力，为保护国家利益进行回应"；第三个层次是"由于国际体系是无政府的，不存在终止竞争的更高权力，因此斗争是无休止的"。摩根索理论的政策含义是"管理权力最有效的技巧是均势"。①

根据这一理论，中国加强与印尼的经济合作有利于积极应对美国"重返亚太""亚太再平衡"等战略，以防美国完全控制亚太地区的经济合作主导权。

美国试图依托军事同盟来掌控亚太地区的话语权和主导权，并遏制中国的进一步崛起与影响力的扩大。根据主流现实主义的国际关系理论，崛起国（如中国）与霸权国（如美国）的战略竞争将改变国际格局，从而改变国际体系。② 在东南亚地区，菲律宾、泰国、马来西亚、新加坡是美国的盟友，为了可持续发展，中国需要突破美国及其盟友的包围圈，扩大生存空间。这符合现实主义的国际关系理论，即，在资源匮乏的情况下，国家之间必然存在利益冲突，一个国家的生存与安全是其最高利益。一些学者认为国际关系中自由主义理论的实质是"合作"，或者说"理性合作"。根据新自由制度主义理论，促进国际合作的重要条件是国际制度，制度在促进合作的同时还规范国家的行为。而商业自由主义则认为，促进合作的重要条件是国家之间的自由贸易和经济交往，这种交往既是合作活动本身，还可以促进合作的进一步发展。③

---

① ［美］卡伦·明斯特、伊万·阿雷奎恩－托夫特：《国际关系精要》，潘忠岐译，上海世纪出版集团 2012 年版，第 75—76 页。

② ［美］詹姆斯·多尔蒂、小罗伯特·普法尔茨格拉夫：《争论中的国际关系理论》（第五版），阎学通、陈寒溪等译，世界知识出版社 2013 年版，再版序言第 9 页。

③ 秦亚青：《国际关系理论：反思与重构》，北京大学出版社 2012 年版，第 71—76 页。

　　因此，中国与印尼加强合作，可以形成利益共享的国家间关系，从而加深与东盟的联系，夯实中国与东盟关系的基础，推动中国与东盟建立更为紧密的责任共同体和命运共同体。

　　4. 经济互惠意义

　　对于近现代西方经济学理论，何新概括为国家主义、自由市场主义、马克思主义政治经济学三大门庭。他本人30年来一直秉持国家主义理念。根据何新的定义，新国家主义有两个核心原则：（1）混合所有制且大型国有企业占主导地位的市场经济制度；（2）国家应发挥主导作用，引领、策划、规范、协调并保护国民经济体制及其运行。何新认为，亚当·斯密的无政府自由市场经济不应是中国经济体制改革的发展目标和方向。如果经济发展和社会分配失去平衡，国家应以稳定为优先目标进行积极干预，从而平衡市场，扩大社会剩余。如果已经达到的平衡非帕累托最佳状态，国家可直接或间接鼓励相关经济体，更好地利用社会上可自由支配的资源，以此来达到帕累托状态。①

　　经济增长是政府的主要施政目标之一。在各个国家促进地区经济一体化、寻找新的经济引擎之际，中国有必要进一步加深与周边国家的合作。目前中国已经积累了一定的技术和资本，也产生了优势产能。加强中国与印尼的经济合作，两国可优势互补，整合资源，开发新的经济增长点，互惠互利。为此，两国政府也在积极做出各种努力，制订发展计划，大力改善国内经济环境。

　　自由主义经济学理论的研究基础和出发点是土地、劳动力和资本等国家之间不同的天然禀赋。这一理论认为，各国有不同的比较优势，在此基础上商品和服务可以实现最大限度的自

---

　　①　何新：《新国家主义经济学》，同心出版社2013年版，第88页。

由流动，从而增加国际财富。①

中国提出"一带一路"倡议，印尼则提出"全球海洋支点""海洋强国"发展战略，都是基于两国经济发展的需要。中国和印尼加强经济合作，可实现资源共享，提升产业竞争力，发展国内经济，扩大利益空间。

## 二　两国发展战略对接的必要性

拥有 6.2 亿人口的东盟市场吸引了世界各国的投资者。印尼作为东盟最大的经济体，人口多，市场潜力巨大，且矿产资源丰富，石油、天然气和锡的储量在全球占有重要地位，发展前景广阔，因此受到了各国尤其是亚洲投资者的青睐。日本企业积极地将印尼打造成制造业生产中心，韩国韩泰轮胎等企业也在印尼开设工厂，将印尼作为出口集散地。印尼扼守中国"海上丝绸之路"的战略通道，又是东南亚国家的领头羊，完全能够成为中国"一带一路"建设中的重点合作国家。中国目前是印尼非油气产品第一大贸易伙伴，日本和美国居第二和第三位。中国要想顺利推进"一带一路"，印尼将是东南亚地区的关键一环。

佐科提出的建设"海洋强国"发展战略关键在于基础设施建设和维护海洋主权。基础设施建设是印尼亟待解决的问题，是印尼"全球海洋支点"战略的核心内容，也是实施该战略的抓手和着力点。迄今为止印尼的基础设施尤其是与海洋相关的基础设施建设非常落后，远远满足不了经济发展的需要。基础设施的落后导致物流缓慢，运费高企。比如，从雅加达到西苏门答腊省首府巴东和新加坡的直线距离大致相等，但前者的运费比后者高三倍。印尼近一二十年来经济的高速增长大幅加大

---

① ［美］卡伦·明斯特、伊万·阿雷奎恩－托夫特：《国家关系精要》，潘忠岐译，上海世纪出版集团 2012 年版，第 298 页。

了对公路、港口、铁路、电力等基础设施的需求。因此，加强基础设施建设、促进海洋互联互通是印尼进一步发展繁荣的重要条件。印尼政府计划未来几年投入巨资新建或改建公路、港口和铁路，并且修建大坝、发电站，尤其是为了实现"海上强国"和"全球海洋支点"的目标，建设"海上高速公路"，有效地连接印尼的上万个岛屿，促进海上交通，降低运费。

早在《2010—2025 年加速与扩大印尼经济建设总规划》中，印尼就提出未来 15 年加快经济建设的三大纲领，[①] 并且以建设六大经济走廊为重点。根据经济走廊计划，印尼将在国内主要岛屿上建立经济和商业中心群，带动和发展当地经济。经济走廊主要分布在各岛海岸线上，通过高速公路连接起主要岛屿的经济中心，集中各自优势，形成经济发展合力。从 2010—2030 年，经济走廊基建工程共需投入资金约 9327 亿美元，主要用于建设铁路、公路、港口、发电站、自来水工程以及连接运输道路等。

印尼大力发展基础设施、建设商业和商业港口以及采购相关船只的国家港口发展计划顺应了国家发展的需要，但这将耗资几百亿甚至上千亿美元，这种巨额的开支将是长期性的，国内资金缺口巨大，需要大量引进外资。

随着东盟的建立与深入发展，中国—东盟之间的经济联系加强，贸易投资交流与合作进一步深化和提升，多种经济倡议逐步得以落实。国际社会，尤其是美日韩等国也积极推进与东盟的合作，自 2014 年北京 APEC 峰会以来相关国家就互联互通达成广泛共识，各国积极制定新形势下的国家发展计划和基础设施建设规划。通过合作，印尼逐步开放市场，完善法规法制和监管体系，依靠资源优势大力吸引外资，这可以在很大程度

--------

① 转引自张洁《"一带一路"与"全球海洋支点"：中国与印尼的战略对接及其挑战》，《当代世界》2015 年第 8 期，第 38 页。

上解决其"全球海洋支点"战略急需的资金问题。当然印尼还可以加入中国倡导的亚洲基础设施投资银行（亚投行），通过亚投行的担保项目，吸引更多的资金，弥补资金缺口，从而发挥潜能，实现其国家发展战略的核心目标。

印尼"全球海洋支点"战略构想另一项重要内容是维护海洋权益，捍卫海洋资源的主权，包括打击非法捕鱼，改善渔业管理，开展海洋外交，增强海军实力。中国是印尼最大的贸易伙伴。在中国经济迅速崛起的形势下两国的海洋经济合作具有深远的战略意义。中印尼海上合作有助于扩大中国—东盟经济合作的规模，提升合作层次，拓展双边以及多边经济合作的领域，并有利于推进中国—东盟的区域经济一体化，维护南海地区的和平与稳定。

中国推进"一带一路"的主要政策手段是 5 个"互联互通"，即政策沟通、设施联通、贸易畅通、资金融通、民心相通。中国若能与印尼结成海上互联互通的战略伙伴关系，既有利于印尼海洋强国的实现，也有利于中国成为陆海全球互联互通的枢纽区，从而将亚太经济圈、欧亚经济区乃至印太经济圈结合得更加紧密。

印尼新战略的实施需要资金、技术等方面的外援，必须加强与周边国家的合作，融入全球生产与贸易链条。中国实现与印尼的战略对接，需要从政治、经济、安全等多方面理解其"全球海洋支点"战略，以海洋为核心，进一步推进和提升经济合作，维护地区安全，控制并解决潜在的双边冲突，实现互利共赢。

## 三　两国发展战略对接的可行性

印尼的"全球海洋支点"战略引起了中国各界的广泛关注，并作为与中国提出的"一带一路"倡议的战略对接写入了 2015 年 3 月发布的《中国与印尼关于加强两国全面战略伙伴关系的联合声明》。印尼"全球海洋支点"战略与中国"一带一路"倡议具有很强的互惠性和包容性。两国在海上互联互通方面比较容易形成共同的理念和行动。分析中印尼两国经济发展战略对接的可行性有以下几个方面：

1. 近期两国政治关系发生了新变化。1990年8月中国与印尼复交后，双边关系发展总体健康稳定，两国领导人保持互访和接触，双方政治互信不断加强。1997年东南亚爆发严重的金融危机，印尼遭受巨大冲击。为了转嫁国内矛盾，印尼少数政客煽动起新一轮反华浪潮，一度影响到中印尼关系。但事后印尼当局采取措施，取消歧视华人和其他族群的政策，目前印尼华人处境已大为改善。

2005年，两国建立了战略伙伴关系。近年来，两国首脑会晤频繁，2012年3月时任印尼总统苏西洛访华，2013年10月习近平主席回访印尼，中印尼双边关系提升为全面战略伙伴关系。2014年11月，印尼新任总统佐科参加APEC会议并与习近平主席进行了会晤。2015年3月佐科再次访华。而关于建设"21世纪海上丝绸之路"的倡议正是习近平主席2013年在印尼国会演讲时首次提出的，充分体现了中国在周边外交中对印尼的高度重视。

印尼财长表示，虽然中国的经济发展减速，但仍稳步前进，将来势必能取代美国成为全球最强经济体。印尼与中国缔结了战略合作伙伴关系，关系很密切，印尼应该积极利用这种关系，提高经贸与投资合作。

2. 两国都是亚太地区的人口、经济大国和有影响力的国家。印尼是东盟的创始国之一，又是东南亚地区幅员辽阔、人口众多的大国，拥有丰富的自然资源和受过良好教育的人力资源，经济发展潜力巨大，无论政治上还是经济上均被视为东南亚地区的龙头。同时，印尼作为二十国集团（G20）成员，国际地位与日俱增。中国改革开放30多年来，经济迅速发展，成为世界经济大国，国际地位不断提高。中国经济的快速稳步发展和广阔市场为很多国家制造了巨大商机并促成中国与很多国家成为最好伙伴。印尼制定了"面向亚洲、面向中国"的政策，期待加深与中国在经济、能源等方面的互利合作。2005 年两国签订《中国和印尼关于建立战略伙伴关系的联合宣言》，加强双方在贸易与投资、农业、海事、基础设施、技术、防止自然灾害以及防务设备等方面的广泛合作。当前，中国与印尼友好合作和战略伙伴关系步入新阶段。

3. 两国经贸合作不断深化和提升。首先是双边贸易连创新高。复交以来，中国与印尼的经贸关系发展驶入快车道，中国已成为印尼最大的贸易伙伴，印尼也是中国在东盟的主要贸易伙伴之一，2014 年，两国双边贸易额达到 636 亿美元。其次是中国对印尼投资不断增长。两国在双向投资、工程承包和劳务合作等领域也获得快速发展。印尼是中国在东盟投资最多的国家之一，来印尼寻求投资机会的中国企业数量不断增多，涉及领域日益广泛，大型投资项目不断涌现。2014 年中国企业对印尼非金融类直接投资达 10 亿美元，同比增长 37.6%；中国企业在印尼的工程承包合同额达到 52 亿美元，完成营业额 46 亿美元，印尼已成为中国企业十大海外工程承包市场之一。

中国对外投资日益增长，预计未来 5 年中国将成为印尼最大投资来源国，印尼可因此受益。鉴于来自中国的投资潜力巨大，印尼投资协调委员会（BKPM）希望吸引更多的中国投资者赴印尼兴业。中国从 2014 年开始大幅增加对印尼的投资，虽然已获原则投资许可证的投资金额仅为 21.6 亿美元，在印尼投资来源国排行榜上位列第九位，但 2015 年增长率却高达 47%，位列第二位，成为印尼最大的投资来源国。中国投资者在印尼申请的计划投资额达 278 万亿印尼盾（约合 200 亿美元），占印尼外国计划投资总额的 23%，同比上涨了 67%，投资额排名第一。而居第二位的新加坡企业计划投资约 203 万亿盾、居第三位的日本企业计划投资约 100 万亿盾。中国投资者主要投资领域为基础设施，最大投资领域是在电力行业，占中国投资计划总额的54%，其次是铁路运输行业，占27%，金属工业领域占6%，房地产与工业园等领域占13%。除了中国，2015年印尼最大的投资来源国是日本、新加坡和美国。全年外商对印尼投资增长率高达19.2%，其中新加坡落实投资额59亿美元，为最多，中国香港投资增长率103%，为最高。在2015年的投资增长率方面，中国大陆以47%居第二位，美国以39%位列第三。

4. 两国的发展战略有很多契合的部分。"海上丝绸之路"是习主席2013年在印尼国会演讲时首次提出，与印尼总统佐科的"全球海洋支点"战略和"海上高速公路"规划高度契合。印尼也已作为意向创始成员加入亚投行。亚投行于2016年1月16日正式投入运营，仅对成员国提出的基础设施硬件工程提供贷款。所谓"硬件工程"是指公路、铁路、机场、港口、电站、输电网、炼油厂等设施。印尼政府已向亚投行申请了第一批贷款，总额约20亿美元，涉及电站、高速公路和净水处理等6个项目。

中国的"一带一路"倡议将基础设施互联互通作为建设的优先领域，在海上以重点港口为节点，共同建设通畅、安全、高效的运输大通道。尤其是"21世纪海上丝绸之路"的重点方向是从中国沿海港口过南海到印度洋，延伸至欧洲；从中国沿海港口过南海到南太平洋。而印尼的"全球海洋支点"战略也是以海上基础设施建设为重点，并提出在未来五年投资约58亿美元建设24个海港，扩建现有的雅加达丹戎不碌港。为筹措建设资金，印尼鼓励外国投资者参加港口基础设施建设，表示将向中国设立的丝路基金和亚洲基础设施投资银行等寻求融资支持。[①] 此外，中国与印尼在产业投资、重大工程建设等领域存在

---

① 转引自张洁《"一带一路"与"全球海洋支点"：中国与印尼的战略对接及其挑战》，《当代世界》2015年第8期，第40页。

巨大的合作空间。中国与印尼是近邻，两国都重视海洋保护与开发。印尼有海洋面积 320 万平方公里，深水油气和超深水油气储量非常丰富，但缺乏勘探开发所需高端科技、装备以及巨额资金投入。而中国成功运作南海"海洋石油 981"的深水石油钻井平台，符合印尼当前的迫切需求和深海油气开发政策。两国政府间已经达成推进海洋经济、海洋文化、海洋旅游等领域务实合作的意向，同意携手打造"海洋发展伙伴"。①佐科总统也表示与中国合作是为加速印尼经济建设，两国合作开发和利用海洋资源将进一步推动中印尼经济合作。

5. 中国政府鼓励海洋大省开展海洋产业合作。2010 年中国—东盟自贸区全面建成，对中国与印尼的双边贸易产生了明显的促进作用。目前，中国与印尼经济发展势头强劲，经济合作蕴藏着巨大潜力。中国鼓励和支持沿海海洋经济大省参与中国—东盟海洋产业合作以及"海上丝绸之路"建设。为实现中国经济发展模式的转变，寻求新的经济增长点，"推进海洋经济发展战略"被正式列入国家"十二五"规划，党的"十八大"提出了"提高海洋资源开发能力，发展海洋经济，保护海洋生态环境，坚决维护国家海洋权益，建设海洋强国"的宏观目标，把保护海洋、开发海洋资源摆在突出位置。国务院正式批准山东、浙江、广东、福建作为国家海洋经济发展的试点省份。这些海洋大省也根据各自海洋资源和海洋产业优势，积极开展与东南亚国家在海洋渔业、海洋运输、临港产业、滨海旅游、海洋科技与海洋文化等海洋产业方面的交流与合作。

6. 印尼政府大力吸引外商投资，兴建综合工业园区和科技园区，刺激经济增长。印尼政府关注具有投资潜力的国家和地区，如中国、韩国、日本、中国台湾、英国、新加坡、澳大利

---

① 转引自张洁《"一带一路"与"全球海洋支点"：中国与印尼的战略对接及其挑战》，《当代世界》2015 年第 8 期，第 40 页。

亚和中东国家。印尼政府将修订关于提供企业所得税免税期优惠的《2014年第192号财政部长条例》，以吸引更多投资。此次对免税优惠条例的修订，一是简化申请程序并提高申请效率，二是延长优惠期限。印尼政府计划将企业所得税免税的最长期限从目前的10年延长至20年。

2014年11月，印尼经济统筹部部长表示，政府将大力兴建综合工业园区和科技园区，以振兴制造业发展，减少对进口产品的依赖，同时创造更多就业机会。工业园区将分布在加里曼丹岛、苏拉威西岛、苏门答腊东部沿海地区、爪哇岛中部和东部，同时建设包括住房、学校、医疗等园区配套设施。印尼政府将为工业园区和科技园区建设提供财政激励政策，并为所在地区的港口、高速公路、铁路等基础设施项目提供资金支持。同月，印尼工业部部长表示，为吸引国内外投资，促进印尼各地区平衡发展，今后5年印尼工业部将集中精力开发建设13个工业园区，其中有7个位于印尼的东部地区。工业园区的建设均依托当地的资源优势，打造各具特色的上下游产业链。

此外，2015年9月，印尼财政部公布了刺激经济第二个一揽子政策中的4项措施，分别是：有关减免税务与免税期优惠后续程序；取消征收船坞、火车、飞机及其零配件增值税；设立保税物流中心；减免存款利息税，特别是对已向印尼央行汇报出口收汇的出口商。①

7. 印尼华侨华人的桥梁作用加强。印尼拥有中国海外最多的华人，这对中国来说是一笔无形的、可观的财富。据国务院侨务办公室2012年公布，全球华侨华人数量已经超过5000万，主要分布于140多个国家与地区，东南亚华侨华人约3348.6万人，占海外华侨华人总数的70%以上。而印尼有1000多万华侨

---

① 资料来源：中华人民共和国商务部，http：//id. mofcom. gov. cn/article/。

华人，是海外华侨华人最多的国家。①

印尼的华侨华人在政治、经济、文化方面都是佼佼者。2014 年雅加达省省长由华人钟万学担任，越来越多的华人成为印尼政坛的新星；2013 年印尼富豪排行榜中，华人达到 6 成；华人社团的数量曾超过 400 个；印尼华侨华人的繁荣发展和影响力在不断地增强。中印尼经贸的迅速发展离不开华人和华人社团（如印尼中华总商会、印尼工商会馆、印尼—中国中小企业商会、印尼华商总会等）的积极推动。他们与当地政府联系密切，熟知当地的法律政策，掌握最新的经济动态，保持对本地政治的敏感性，能为中国企业的投资提供帮助。同时，在 20 多年的发展过程中，华人经济已成为印尼民族经济的重要组成部分，对印尼经济建设和社会发展做出了巨大的贡献。近 10 年来，印尼华人对中国进行投资，如黄奕聪创办的金光集团、陈江和创办的金鹰集团、纪辉崎创办的达尼多煤矿集团等，积极推动中国的经济发展，同时也为中印尼两国友好往来提供宝贵建议。印尼华侨华人在中印尼两国的友好交流与合作中可牵线搭桥，也可参与整合，增进理解，增强互信。②

---

① 田华杰、邓雨晨：《论华侨华人在中国与印尼经济、文化交流中的作用（1949 至今）》，《淮北职业技术学院学报》2014 年 12 月，第 110 页。

② 谢泽亚：《论印尼经济发展中的中国成分》，《柳州师专学报》2015 年 2 月，第 69 页。

# 结　　语

　　在中国福建和印尼的调研是响应党中央关于建设新型智库的号召，深入第一线，了解"一带一路"具体实践的一次有益尝试。福建地处中国东南，历史上就是沟通中国与世界的重要桥梁，发挥着中国改革开放的"重要门户"作用，特别是在联系"台胞"和"侨胞"方面，具有不可替代的作用。印尼则是"一带一路"建设的重要支点国家，特别是在"21世纪海上丝绸之路"建设方面，起着先导和示范作用。

　　如何有效地对接"21世纪海上丝绸之路"与"全球海洋支点"？福建和印尼的调研给了我们很多启示。

## 一　需要把握中国和印尼双边关系的大方向

　　作为海上邻居，中国和印尼友好交往以"海洋"为纽带，创造了一曲海洋交往与合作的大合奏。东晋时期，中国高僧法显去印度取经，归国途中漂泊至爪哇的故事；唐宋时期，印尼室利佛逝王朝派遣使节到唐宋的"献歌舞"；明朝时期，郑和下西洋和爪哇使节的来访，以及自汉朝起福建、广东华人漂泊到南洋创业的故事等，体现了中国和印尼友好交往的历史渊源。

　　二战后，随着印尼的独立和新中国的成立，1950年两国建交，1967年两国断交，1990年两国复交，2005年两国建立战略伙伴关系，2013 年两国关系上升为全面战略伙伴关系，中国和印尼的关系经历了一段曲折的历程。

66 年现代双边关系的历程奠定了中国和印尼友好合作的根基。"万隆会议十项原则"铸就了中国和印尼的政治共识基础；东南亚金融危机时期的合作夯实了共同利益的根基；两国战略伙伴关系给"万隆精神"注入了时代内涵。

中国和印尼都是不结盟运动的创始者和推动者，都奉行"结伴而不结盟"的政策，双边关系将沿着建设繁荣与和平的伙伴关系方向发展。

### （一）维护地区和平稳定打造中国印尼和平伙伴关系

随着世界中心的东移，东亚地区日渐成为世界经济增长的发动机，同时也成为全世界关注的焦点。

东亚经济持续增长的重要经验在于东亚地区保持着持久的和平与稳定。随着美国推行"亚太再平衡"战略，东亚地区的和平和稳定正在遭受威胁。一些历史遗留的岛礁争端、领土争端死灰复燃，正在干扰东亚一体化进程。

中国和印尼作为东亚地区的核心国家，有责任和义务共同维护东亚地区的和平与稳定，打造和平伙伴关系。比如在共同维护南海地区的和平稳定，共同推动朝鲜半岛的和平稳定，共同打击恐怖主义，维护地区和平秩序等方面，双方具有广阔的合作空间。

### （二）以新定位打造中国印尼发展伙伴关系

2015 年 3 月，印尼总统佐科访华，中国国家主席习近平会见佐科总统时指出："中国和印尼分别是世界第一和第四人口大国，第一和第三大发展中国家，战略依存度高，发展互补性强，互利合作潜力巨大。"① 习近平主席将中国与印尼关系定位在"世界上最大的发展中国家"与"世界上第三大发展中国家",这一新定位给未来中国和印尼的关系指明了新方向。

1. 以战略对话和沟通打造战略发展伙伴关系

作为世界上第一大和第三大发展中国家,中长期的发展战略对于国家的长远发展具有举足轻重的作用,并在一定程度上确保国家的发展不出现战略性错误,使得国家的发展沿着正确的轨道前进。而制定和谋划各自的国家发展战略,不仅需要听取本国各个部门和智库学者的意见,而且也要听取周边相似发展中国家的意见。这样中国和印尼可以通过双边的战略对话和沟通,打造战略发展伙伴关系。

2. 以基础建设为依托打造基建发展伙伴关系

基础设施建设是中国和印尼发展的共同需求。经过 30 多年的改革开放,中国积累了丰富的基础设施建设经验和技术,同时也聚集了充足的资金。由于国内政治原因,印尼的基础设施建设"缺口太多",以至于落后的基础设施严重制约其经济发展。

中国倡议设立的"亚洲基础设施银行"和"丝路基金"对印尼庞大的基础设施资金缺口具有"雪中送炭"的作用。雅加达—万隆高铁项目的启动,标志着中国和印尼基建伙伴关系"渐入佳境"。

除了高铁外,印尼的公路、桥梁、火力发电等基础设施,迫切需要中国企业的大量参与。随着"一带一路"倡议的稳步推进,中国和印尼基础设施合作建设将迎来一个历史性的高潮。

3. 以制造业合作为载体打造工业发展伙伴关系

制造业是工业化的核心,制造业的水平决定了一个国家的

---

① http：//news. xinhuanet. com/politics/2015 – 03/26/c_ 1114778101. htm.

工业化是否成功。佐科总统提出遵循苏加诺的"三项主义",其中经济自立,就包含工业自立。印尼目前一些基本的生活物质和生产物质,比如食糖、钢材、电器、燃油等需要大量进口,浪费了大量印尼外汇,这与印尼自身地位不相称。

针对上述不合理状况,佐科政府采取各种措施,发展印尼国内的制造业,增强印尼工业自立能力,以便在东盟一体化进程中,增强印尼工业的竞争力。这给中国和印尼开展制造业合作创造了无限商机。

中国和印尼两国在矿产品加工、产能合作和经贸合作区建设等方面具有很好的合作潜力。

4. 以环境保护合作为突破口打造绿色发展伙伴关系

在推进工业化和现代化进程中,环境保护的地位越来越重要。作为本地区的大国,中国和印尼有责任和义务来推动环境保护合作,共同应对全球气候变化带来的挑战,使得本地区朝着绿色发展的目标迈进。

"中国—东盟森林面积占亚洲的 68%,占全球总量的 10%。"① 而"中国—东盟区域森林总生物量 396.8 亿吨,年固碳能力 19.5 亿吨。中国和印尼的森林生物量分别占区域总量的 41% 和 34.8%。"②印尼的"热带雨林"被称为"地球上的肺",但由于滥砍滥伐,印尼的生态环境正在遭受严重的破坏,需要国际社会共同来维护。

中国和印尼可以对每年爆发的"烟霾"事件进行全方位合作,特别是在森林防火监控、森林植被保护执法等方面开展合作,打造中国和印尼绿色发展伙伴关系。

---

① http：//news. xinhuanet. com/newscenter/2007 – 10/30/content _ 6974133. htm.

② http：//www. chinanews. com/gn/2015/06 – 05/7324835. shtml.

## 二　以海洋合作为抓手，打造战略对接的示范性项目

中国提出的"21世纪海上丝绸之路"倡议与印尼提出的"全球海洋支点"战略具有高度的契合度。对接中国和印尼发展倡议和战略，核心之一就是把海洋发展置于优先地位，打造示范性项目。

1. 以港口合作为依托，打造现代化海上物流系统和近港工业园，特别是加强印尼"海上高速公路"建设。中国的厦门、泉州等港口可以与印尼的比通、索隆等港口开展合作，加快推进港口公共信息共享平台建设，形成便捷、高效的港口、航运信息交换系统。加强口岸基础设施建设，打造便捷通关体系。

2. 开展符合双方利益的渔业合作。印尼渔业开发潜力可达年均6000万吨。[①] 如果完全被开发，印尼将拥有世界上最大的渔业部门。[②] 但印尼的非法捕鱼和过度捕捞现象比较突出，每年因非法捕鱼遭受近250亿美元的经济损失。

自佐科政府上台以来，海洋与渔业部部长加大了对非法捕鱼的打击力度，先后炸毁了上百艘非法捕捞渔船，使得非法捕鱼的现象大为减少。但印尼渔民缺乏捕鱼技术和资金，使得印尼渔业产量下降。

中国拥有良好的捕鱼技术和充足的资金，中国和印尼可以

---

[①]　Hendra Manurung, "Impact of Joko 'Jokowi' Widodo Leaderships on Indonesia's World Maritime Axis", *SSRN*, 16 Oct. 2014, http：//ssrn. com/abstract = 2510986.

[②]　Budi Kurniawan Supangat and Dimas Muhamad, "Defining Jokowi's Vision of a Maritime Axis", *The Jakarta Post*, 21 Oct. 2014, http：//www. thejakartapost. com/news/2014/10/21/defining-jokowi-s-vision-a-maritime-axis. html.

在捕鱼方面开展优势互补合作。同时,印尼可以利用中国—东盟海产品交易所,促进印尼海产品对中国出口,降低印尼和中国的贸易逆差。

据统计,"印尼渔业产量55%是捕捞产品,45%是养殖产品,而中国的养殖渔业占渔业产量的70%—80%,印尼的养殖业有很大的潜力"。①中国和印尼可以在培育鱼苗与鱼种技术、生产鱼饲料等方面开展合作。

3. 强化海洋安全合作。中国和印尼已经建立了双边的海上合作工作委员会机制和海上合作基金。在传统安全方面,中国可向印尼海军提供人员培训,开展联合军演;在非传统安全方面,在海上搜救和抗击海盗领域,双方具有广阔的合作空间。

4. 开展海洋人文交流与合作。中国和印尼具有悠久的海洋人文交流历史,留下了丰富的海洋历史文化遗产。两国可以仿效印尼和荷兰莱顿大学的海洋文化和历史联合研究项目,开展古代海洋史合作研究,包括南海水下考古联合勘探与研究。此外,就古代海上丝绸之路遗迹,双方旅游部门可以联合开发旅游线路,开展海洋旅游合作。

## 三 讲好故事、传播中国声音和树立 正面"中国形象"

如何讲好中国故事,特别是讲好中国发展的故事,传播中国关于"一带一路"的声音,成为在所在国树立正面"中国形象"的关键要素。印尼虽然是海外华人最集中的国家,但受23年断交时期的负面影响,中国在印尼的正面形象有待加

---

① 吴崇伯:《融入国家"21世纪海上丝绸之路"战略的优势与对策论析——以福建为例》,《华侨大学学报》(哲学社会科学版)2014年第4期,第8页。

强，因为这直接关系到中国企业赴印尼投资的效果或成败问题。

**（一）"中国形象"在印尼面临的问题**

1. 印尼民众对"一带一路"存在诸多误解

印尼主流媒体对"一带一路"的报道率很低。印尼多数民众不知道"一带一路"的含义以及该倡议会给印尼带来哪些实际利益。

西方媒体在印尼对中国"一带一路"倡议加大负面宣传。西方媒体认为，"一带一路"是中国对外进行经济侵略战略的一部分，方便中国货物和劳动力进入印尼。而印尼政府也担心中国的经济扩张。

加上南海问题最近持续发酵，印尼普通民众根据印尼主流媒体的报道认为，中国与越南、菲律宾和马来西亚的冲突是中国在实施领土侵略。印尼主流媒体把"一带一路"与南海问题绑定在一起，这对中国"一带一路"的宣传造成很大的阻力。对此，中国有必要用印尼文进行更正，否则会对中国形象造成负面影响。

2. "中国形象"的根正在消逝

中华文化是"中国形象"在印尼的根。在印尼 2600 万华人中，懂中文的不到 200 万，其中只有 50 万人可以书写，50 岁以下的华人基本不会讲中文。印尼华人的年青一代被送到澳大利亚、美国读书，对中国历史和文化基本不了解。学中文只是为了方便做生意，而不是热爱中国历史和文化。中国在印尼的文化联系的"根"正在消逝。

3. 处理不好华人问题将增加负面"中国形象"

印尼华人问题是敏感问题。目前华人在印尼可以参政。中国政府和印尼政府都争取华人作为资产为自己服务。但印尼华人绝大多数已加入印尼籍，成为印尼国家公民，真正的华侨已经很少。中国的侨办和侨联在印尼访问或开展工作时，一定要注意对象和身份，特别是现在印尼国内正在涌动平反"9·30排华事件"的浪潮，中国政府要与当地华人保持一定的距离，以免被人误解或误判。尤其是避免在印尼设立独立的"侨务办公室"，否则将会点燃另一波"排华星火"。

4. 涉及新疆穆斯林问题的不实报道产生负面影响

宗教问题是影响中国"一带一路"宣传的重要问题。印尼不是以伊斯兰为国教的国家，但是拥有穆斯林人口最多的国家。目前新疆部分恐怖分子已从昆明经缅甸进入印尼，引起了当地主流媒体的同情和支持。有关新疆穆斯林的报道，在印尼广为传播，影响相当负面。

### （二）塑造"中国形象"的建议

当地华社精英们认为，目前中印尼关系处于历史上最好时期，中国政府应该利用这个时期，集中优势资源，在印尼塑造正面的"中国形象"。

1. 设立新闻处、利用印尼主流媒体正面树立"中国形象"

由于华人在印尼总人口中只占8%，中国在印尼的宣传对象应选择占人口绝大多数、最具影响力的主要族群。以美国为首的西方国家在印尼设有新闻处，用以消除双边交往中的误解，而CNN印尼分社则是印尼新闻报道最快的媒体，在印尼传播美国的价值观，在印尼的影响很大。中国有必要在印尼设立专门的新闻处，可以采用公司化运作模式，参股印尼主流媒体，正面塑造"中国形象"。

2. 设立"中华文化学院"传播中国文化

中国在印尼设立的孔子学院或孔子课堂，影响相当有限。中国可以学习美国和日本的做法，设立"中华文化学院"，主要针对民间各地补习学校，给补习学校老师进行教师资格的培训和考核，这样可以组成庞大的中华文化传播的教育网络。

3. 加强人文交流，关键是落实落地项目

政治关系背后是安全，经济关系背后是利益。当发生安全冲突时，政治关系就会破裂，当利益发生冲突时，经济关系就会受损，但无论政治关系和经济关系如何变化，文化纽带却一直存在。中国有必要加强中印尼人文交流，从中印尼彼此共同或交汇的文化项目着手，落实一批落地的人文交流项目。

受访的印尼华社精英们认为，"中国形象"与当今中国现实不相符，也与全面升级的中印尼关系不相符，其核心在于缺乏政府层面的顶层设计和统筹安排与落实。

综上所述，中国和印尼在"21世纪海上丝绸之路"与"全球海洋支点"的对接，在"一带一路"建设方面具有很强的示范意义。现阶段中国和印尼合作势头充分表明，中国和印尼合作的基础是坚实的，合作的领域是广泛的，合作的成效是双方人民所能享受的实惠。

以福建作为"21世纪海上丝绸之路"的核心区，以海洋合作为抓手，福建和印尼可以打造更多海洋合作"示范项目"，从而带动全国其他省市与印尼的全方位合作。

课题组对上述的研究只是初步的，更多细致深入的研究留在后续的跟踪研究与分析。

# 后　记

本书是集体合作的结晶。来自中国社会科学院亚太与全球战略研究院亚太社会与文化研究室、国际经济研究室、区域合作研究室、亚太政治研究室和新兴经济体研究室的同人参与了调研和撰写等相关工作。

许利平研究员为本书的主持人，负责本书调研的组织与总体设计，并撰写前言、第一章和第七章以及结语；李天国博士撰写第二章和第八章；杜继峰副研究员撰写第三章和第六章；金英姬副研究员撰写第四章和第九章；富景筠副研究员撰写第五章。

本书的调研得到了中国驻印尼大使馆、印尼驻华大使馆、印尼海洋事务统筹部、印尼科学院、印尼华裔总会和中国泉州商务局，福建发改委、商务厅等单位的大力支持。在调研与本书的写作过程中，印尼驻华大使馆的政务参赞苏更·瓦霍诺先生、社会文化参赞孙浩先生，中国驻印尼使馆政治处副主任王世焜，以及好友张彦宁先生和戴俊德先生，上海鼎信投资（集团）有限公司代表杜湸先生，给予了极大的支持和帮助，在此表示衷心的感谢。

本课题的立项与启动得到了中国社会科学院亚太与全球战略研究院李向阳院长、王灵桂书记和科研处朴光姬以及负责外事工作的刑伟的大力支持，在此表示感谢。

本书作为调研成果只是初步的，更精细的调研工作有待下一步继续跟进。

编者

2016 年 10 月 30 日于北京

许利平，男，博士，中国社会科学院亚太与全球战略研究院亚太社会与文化研究室主任，研究员，博士生导师。主要学术著作：《印尼传奇总统佐科》（2015 年，社科文献出版社）、《当代周边国家的中国观》（2013 年，社科文献出版社）、《当代东南亚伊斯兰：发展与挑战》（2008 年，时事出版社）等。

杜继锋，男，博士，中国社会科学院亚太与全球战略研究院副研究员。主要研究领域为东南亚政治与国际关系。主要成果有：《后苏哈托时期印尼军队的职业化改革》《缅甸政局发展最新动向及对其对外关系的影响》《东盟扩大后新老成员国之间的政治经济关系》等。

金英姬，女，博士，中国社会科学院亚太与全球战略研究院副研究员，研究专长为亚太经济。主要成果有：《全球经济"再平衡"对东亚出口导向型增长模式的挑战》《后危机时代亚洲经济增长与战略调整》《东盟的资源环境状况及合作潜力》等。

富景筠，女，经济学博士，中国社会科学院亚太与全球战略研究院副研究员。主要研究领域：地区经济一体化和能源合作。已出版专著《卢布信用危机与苏联解体》，并在《世界经济与政治》《东北亚论坛》《俄罗斯东欧中亚研究》《欧洲研究》《国际经济评论》等刊物上发表论文若干。

李天国，男，经济学博士，中国社会科学院亚太与全球战略研究院助理研究员。主要研究领域为新兴经济体经济、韩朝经济、中国宏观经济等。在《经济管理》《人口学刊》等期刊上发表 30 余篇论文，出版过《朴槿惠政治经济学》（第二作者）（2016 年，中国人民大学出版社），共同译著《超越增长与分配——韩国经济的未来设计》（2008 年，中国人民大学出版社）等。